FACULTÉ DE DROIT DE PARIS

DROIT ROMAIN

DE LA VENDITIO BONORUM

DROIT FRANÇAIS

DES CONFLITS DE LOIS

EN MATIÈRE DE FAILLITE

THÈSE POUR LE DOCTORAT

PAR

Raoul BLOCH

Lauréat de la Faculté de droit

PARIS

A. GIARD & E. BRIÈRE

LIBRAIRES-ÉDITEURS

16, Rue Soufflot, 16

1892

THÈSE

POUR

LE DOCTORAT

FACULTÉ DE DROIT DE PARIS

DROIT ROMAIN

DE LA VENDITIO BONORUM

DROIT FRANÇAIS

DES CONFLITS DE LOIS

EN MATIÈRE DE FAILLITE

THÈSE POUR LE DOCTORAT

L'ACTE PUBLIC SUR LES MATIÈRES CI-DESSUS
Sera soutenu le vendredi 1ᵉʳ juillet 1892, à 8 h. du matin

PAR

Raoul BLOCH
Lauréat de la Faculté de droit

Président : M. LYON CAEN, *professeur.*

Suffragants : MM. LAINÉ, *professeur.*
GIRARD,
SAUZET, *agrégés.*

PARIS

A. GIARD & E. BRIÈRE
LIBRAIRES-ÉDITEURS
16, Rue Soufflot, 16

1892

A MES PARENTS

A MES GRAND-PARENTS

DE LA VENDITIO BONORUM

INTRODUCTION

Nous sommes habitués, de nos jours, étant données les relations d'affaires nombreuses et étendues établies entre les divers individus d'une nation, étant donnée surtout l'institution du crédit si répandue et si utile au commerce, à voir les créanciers munis de moyens de contrainte efficaces pour arriver à atteindre les biens de leurs débiteurs récalcitrants. Il y a même une distinction qui est faite à peu près partout entre les commerçants et les non-commerçants. Les commerçants étant appelés par le fait même de leurs opérations journalières à contracter un nombre d'obligations beaucoup plus considérable que les autres citoyens, devaient plus facilement que les autres pouvoir être contraints à les exécuter. Aussi presque toutes les législations avaient-elles institué, en faveur des créanciers des commerçants, une procédure spéciale à l'effet de mettre la main sur leurs biens, lorsqu'on ne les reconnaît plus capables de les administrer sagement et de les faire fructifier dans leur commerce ; c'est la procédure de la faillite.

La faillite profitera à l'ensemble des créanciers d'un commerçant et non pas à celui-là seul qui l'aura fait prononcer. Grâce à elle, les créanciers d'un homme qui ne peut plus exécuter ses obligations, qui ne peut plus payer intégralement ce qu'il doit, ou qui ne le pourra plus, en continuant ses affaires, arrivent à enlever à cet homme l'administration de ses biens et à se les faire partager équitablement entre eux.

Trouvons-nous quelque chose d'analogue en droit romain et pouvons-nous dire que les créanciers aient eu une aussi grande facilité que de nos jours pour arriver à avoir raison de leurs débiteurs ?

D'abord il est une distinction qui était inconnue aux Romains, c'est celle que nous faisons en France entre un débiteur ordinaire et un commerçant insolvable. Il est vrai de dire que bien des législations tendent aujourd'hui à supprimer cette distinction en appliquant la faillite aussi bien aux non-commerçants qu'aux commerçants. D'ailleurs la législation romaine avait pratiqué d'assez bonne heure un système assez complet de garantie pour les créanciers.

C'est ce système que nous nous proposons d'étudier et qui réside en grande partie dans la *bonorum venditio*. Nous serons obligés de jeter aussi un rapide coup d'œil sur ce qui précédait l'institution de la *bonorum venditio*, nous dirons quelques mots de l'institution qui l'avait remplacée sous Justinien, la *bonorum distractio* ; mais c'est la *bonorum venditio* qui a été longtemps pour les créanciers, le mode le plus efficace d'atteindre les biens de leur débiteur.

La *bonorum venditio* n'a que peu de rapports avec notre faillite : d'abord, comme nous l'avons dit, elle était à la disposition de tous créanciers sans distinction entre commerçants ou autres ; de plus elle devait être précédée d'une *missio in possessionem* que nous aurons à étudier ; elle ne pouvait non plus avoir lieu de plein droit après cette *missio in possessionem*, il fallait retourner devant le magistrat. Enfin les créanciers ne se partageaient pas les biens du débiteur, c'était nécessairement une vente en masse de tous les biens, et l'acheteur universel de ces biens s'engageait à payer un certain dividende aux créanciers.

Le côté par lequel elle pourrait se rapprocher de la faillite, c'est que, même demandée par un seul créancier, elle s'appliquait à tous.

CHAPITRE I.

DES MODES PRIMITIFS D'EXÉCUTION SUR LES BIENS ET DE L'ORIGINE DE LA VENDITIO BONORUM.

Pendant les six premiers siècles de Rome, le moyen employé par les créanciers pour contraindre leurs débiteurs au paiement était l'exécution sur la personne, ou si ce n'était pas le seul moyen, c'était le principal et le plus employé.

Les voies d'exécution sur la personne pouvaient résulter d'un contrat, ou d'un jugement ; soit que le débiteur eût contracté un engagement dans la forme du *nexum*, et engagé ainsi sa propre personne pour la sûreté de l'obligation, soit qu'il eût été condamné judiciairement, n'eût pas exécuté son obligation dans les trente jours de sa condamnation, et après la procédure de la *manus injectio* eût été déclaré *addictus* par le magistrat.

Le *nexum* est un acte fait *per æs et libram*, devant cinq témoins, en prononçant des formules solennelles, il intervenait toujours à l'occasion des prêts d'argent, et c'était sa propre personne qu'engageait le *nexus* pour garantir son obligation.

Peut-on dire que le *nexum* entraînait pour le débiteur

une *capitis deminutio* et le faisait tomber sous le *manci-pium* du créancier ?

Puchta soutient que le *nexus* se mancipait lui-même, que le débiteur donnait sa personne au créancier comme un gage personnel, comme *pignoris nexus* (1).

Zimmern et M. *Bonjean* prétendent aussi que le *nexum* entraîne une véritable mancipation du débiteur, une *deminutio capitis* immédiate et une soumission du débiteur au *mancipium* du créancier. Mais ce ne serait qu'après le non paiement à échéance que le créancier obtiendrait la possession de la personne du débiteur.

Niebuhr admet lui aussi la *capitis deminutio*, mais à la condition que le créancier ait revendiqué son débiteur devant le magistrat et que celui-ci le lui ait adjugé. Il s'écarte ainsi de l'opinion générale d'après laquelle le *nexum* contenait en lui-même le droit pour le créancier d'exécuter sans avoir besoin de recourir à la justice.

D'après un système, au contraire, soutenu par M. *de Savigny*, M. *Giraud*, M. *Tambour* et que nous croyons devoir adopter, le *nexum* n'entraîne pas la vente de la personne ; le débiteur engage seulement son travail pour l'acquittement de sa dette. Cela paraît résulter du passage suivant de Varron : « *Liber qui suas operas in servitutem pro pecunia quam debet, dat dum solverit, nexus vocatur ut ab aere obaeratus.* » (2). Ce qui résulte incontestablement

1. Puchta, *Cursus der Institutionen*, vol. III, 4 éd. Leipzig 1857 p. 81).

2. Varron, *de lingua latina*, VII, § 105).

de la phrase de Varron, c'est qu'en cas d'insolvabilité le débiteur engage son travail. La situation de sa personne se trouvait changée de fait, mais non pas de droit. Le droit du créancier ne consistait pas en autre chose qu'en la faculté de le retenir enchaîné dans sa maison jusqu'au moment où il aurait payé la somme due ou du moins l'aurait acquittée par son travail. Ainsi que le fait très-bien observer M. Giraud (1), les mots de Varron : *qui suas operas in servitutem dat*, montrent seulement qu'un homme libre était obligé de rendre des services serviles à son créancier. Varron entend ici le service de fait, rendu par un homme libre de droit pour distinguer du *servile ministerium* de la *dominii* ou *potestatis causa*.

Lorsqu'il n'y avait pas eu engagement par le *nexum*, les créanciers étaient forcés de recourir à la justice pour pouvoir arriver à une exécution. La loi des douze tables nous fournit les détails suivants, que nous citons textuellement.

« Pour le payement d'une dette d'argent avouée ou d'une condamnation juridique, que le débiteur ait un délai légal de trente jours ; passé lequel qu'il ait contre lui *manus injectio* ; qu'il soit amené devant le magistrat. Alors, à moins qu'il ne paye ou que quelqu'un ne se présente pour lui comme *vindex*, que le créancier l'emmène chez lui ; qu'il l'enchaîne, ou avec des courroies ou par des fers au pieds, pesant au plus quinze livres ou moins si

____

1. Giraud, *Dissertation sur les* nexi.

l'on veut. Qu'il soit libre de vivre à ses propres dépens, sinon, que le créancier qui le tient enchaîné lui fournisse chaque jour une livre de farine ou plus s'il le veut bien (1).

« On avait le droit de s'accommoder encore ; si on ne le faisait pas, on était soixante jours dans les liens. Dans cet intervalle de temps, il y avait trois jours de marché, pendant lesquels on était conduit chaque jour au *comitium*, devant le préteur, qui rappelait le montant de la somme due. Le troisième jour, on était décapité, ou bien on était vendu, et l'on partait pour l'étranger loin du Tibre. Or cette peine de mort était entourée de tout ce qui pouvait la rendre formidable. Si le débiteur était adjugé à plusieurs créanciers, la loi permettait de le couper s'ils le voulaient, et de se le partager. Tu pourrais croire que je recule devant les termes de la loi, je les cite : (2) « Après le troisième jour de marché, qu'ils se le partagent par morceaux ; s'ils en coupent des parts plus ou moins grandes, qu'il n'y ait pas de mal. » (3).

Ces rigueurs s'appliquaient et au *judicatus*, c'est-à-dire à celui qui était condamné en justice, et au *confessus*, c'est-à-dire à celui qui avoue, au débiteur qui déclare devant le magistrat compétent et devant le demandeur ou son représentant que la demande faite par celui-ci et formant l'objet de l'action est fondée.

1. Explication historique des Instituts de l'empereur Justinien, par M. Ortolan.
2. Nisard collection des auteurs latins.
3. Ortolan. *loc. cit.*

Le débiteur simplement déclaré *addictus* n'était cependant pas encore frappé d'une *capitis deminutio* il restait ingénu et ne devenait pas même *alieni juris* (1).

Ce n'est qu'après un nouveau délai de soixante jours, que, si le paiement n'avait pas lieu, la loi donnait au créancier le droit de vendre comme esclave au-delà du Tibre ou même de mettre à mort son débiteur.

Peut-on conclure de ce que nous venons de voir et au sujet du *nexum*, et, au sujet de l'*addictio* que dans les cas où nous nous sommes placés l'exécution sur les biens était absolument impossible ?

C'est une question qui a été souvent débattue et bien des opinions ont été émises.

On a prétendu que le grand respect des Romains pour la propriété les avait empêchés d'admettre l'exécution sur les biens, malgré les exemples puisés à Athènes pour la rédaction de leurs lois. Mais on peut difficilement croire à un si grand respect pour la propriété alors qu'ils avaient un tel dédain de la liberté individuelle.

Niebuhr voit dans ces mesures une pensée politique des chefs de la plèbe pour empêcher les patriciens de s'approprier les domaines des plébéiens.

1. Il y avait certaines différences que nous signale M. Girard *loc. cit.* entre un *addictus* et un esclave. 1º L'esclave affranchi reste *libertinus; l'addictus, recepta libertate,* est *ingenuus.*

2. L'esclave ne peut être affranchi malgré son maître ; l'*addictus* reprend sa liberté en payant le créancier.

3. *Ad servum nulla lex pertinet ; addictus legem habet.*

4. L'*addictus* conserve ses *prænomen, nomen, cognomen, tribum.*

Mais le désir du peuple était au contraire de voir disparaître ces atroces mesures contre la personne du débiteur. D'après Denys d'Halicarnasse, Servius Tullius, dans un discours qu'il adresse aux Romains avant son élévation au trône, leur promet d'obliger les créanciers à se contenter des biens de leurs débiteurs et à respecter du moins leur personne : « Je ne souffrirai pas que ceux qui emprunteront soient emmenés en prison pour leurs dettes, et je porterai une loi pour empêcher de prendre pour garantie des prêts, le corps même des débiteurs, regardant comme suffisant pour les créanciers de s'emparer de leurs biens. (1) Et c'est avec bonheur qu'on accueillit la loi *Petilia* parce qu'elle défendait à l'avenir l'engagement de la personne. « *eo anno (428) plebi Romanæ, velut aliud initium libertatis factum est, quod necti desierunt... pecuniæ creditæ, bona debitoris, non corpus obnoxium esset* » (2).

M. Tambour pense, et nous nous rangeons à son avis, que ces dispositions de la loi des douze tables devaient plutôt être un moyen d'intimider les débiteurs. C'est par cette idée que le philosophe Cécilius, dans l'entretien que nous rapporte Aulu-Gelle, (3) cherche à justifier la rigueur de la législation décemvirale : « *eo consilio tanta immanitas pœnæ denuntiata est, ne ad eam unquam perveniretur.* »

1. Denys IV, c. 9.
2. Tite-Live I. VIII, § 28.
3. Aulu-Gell. XX, I.

De plus, certains textes peuvent nous faire croire que l'exécution sur les biens a coexisté avec l'exécution sur la personne. Dans un passage de Tite-Live, nous voyons le consul Servilius, pour déterminer le peuple à marcher contre les Volsques, défendre aux créanciers de vendre les biens des militaires en campagne : « *Edixit ne quis civem Romanum vinctum aut clausum teneret, quominus ei nominis edendi apud consules potestas fieret ; ne quis militis, donec in castris esset, bona possideret aut venderet, liberos nepotesve ejus moraretur.* » (1) Denys d'Halicarnasse nous rapporte encore ce fait : En 269, le dictateur Valerius, voulant entraîner le peuple contre de nouveaux ennemis, promet que pendant la guerre, les biens, le corps, l'honneur des citoyens ne pourront être atteints par les créanciers (2). Enfin la loi Petilia elle-même : « *pecuniæ creditæ, non corpus obnoxium esse.* »

D'après ces divers textes, le droit du créancier paraît résulter d'un contrat et non d'un jugement ; ils se rapporteraient donc au *nexum* (3). Comment pourrait-on comprendre qu'à l'égard du *nexus*, il y avait à la fois exécution sur la personne et sur les biens ? Cela s'expliquerait très facilement dans l'opinion qui fait tomber le *nexus* sous le *mancipium* de son créancier. Car lorsqu'une personne *sui juris* tombe sous la puissance d'une autre, celle-ci acquiert le patrimoine de la première. Mais nous ne

1. Tite-Live. II, 24.
2. Denys d'Hali. VI, 41.
3. Tambour *op. cit.*

nous sommes pas rangés à cet avis, et nous avons pensé que tout en engageant ses services, le *nexus* ne changeait pas d'état en droit.

M. Giraud admet, lui, l'exécution sur les biens en disant : « La rigueur du droit Romain devait entraîner l'accessoire après le principal et l'existence entière du *nexus* était engagée par le contrat. »(1) Nous admettrions plus volontiers avec M. Tambour que le *nexum* était accompagné d'un contrat de fiducie par lequel la propriété même des biens était transférée au créancier avec obligation pour ce dernier de la restituer en cas de paiement.

Vis-à-vis de l'*addictus*, la question est encore plus douteuse. Il semblerait résulter de la loi des XII tables que le débiteur conservait la propriété de ses biens même après l'*addictio* : « *Si volit suo vivito* » nous dit le texte ; suivant M. Guérard (2) et M. Girand (3), « le créancier aurait pu dès la première période, poursuivre le débiteur dans ses biens avant d'agir contre sa personne. » La question est encore aujourd'hui très controversée et l'étendue limitée de notre étude ne nous permet pas d'en aborder l'examen à fond.

Un point certain, c'est qu'à cette époque, à côté des moyens d'agir sur la personne et peut-être aussi sur les biens du débiteur, il y avait une action de la loi qui

1. Giraud, *op. cit.*
2. *Essai sur le droit privé des Romains.*
3. *Op. cit.*

atteignait non la personne mais les biens, c'est la *pignoris capio*.

Il est vrai de dire que cette procédure n'avait qu'une application fort restreinte et se renfermait dans le cercle du droit public ou religieux. Elle consistait en une prise de gage effectuée par le créancier. Gaïus nous en parle dans le paragraphe 29 de son quatrième commentaire : *Certis verbis pignus capiebatur et, ob id plerisque placebat hanc quoque actionem legis actionem esse ; quibusdam autem non placebat : primum quod pignoris capio extra jus peragebatur, id est, non apud prætorem, plerumque etiam absente adversario, cum alioquin ceteris actionibus non aliter uti possent quam apud prætorem præsente adversario ; præterea nefasto quoque die, id est, quo non licebat lege agere, pignus capi poterat.*

Nous voyons là que la *pignoris capio* s'exerçait *extra jus*. C'est-à-dire hors de la présence du magistrat, en l'absence de l'adversaire et même les jours néfastes.

Ses divers cas d'application avaient leur source soit dans des lois, notamment la loi des douze tables, soit dans l'usage, la loi l'accordait pour certains motifs tirés du droit religieux ou public, si par exemple une victime avait été achetée et que le prix n'en fût point payé.

L'usage l'avait introduite dans divers cas relatifs au service militaire, pour le recouvrement de *l'æs militare*, de *l'æs hordearium*, de *l'æs equestre* (1).

1. *L'æs militare* était la solde due au soldat, il pouvait employer

D'après l'opinion la plus générale, la *pignoris capio* subsista jusqu'à la loi *Julia*, postérieure de plus d'un siècle à la loi *Æbutia*, à qui Gaïus, dans le § 30 du com. IV attribue la suppression des *legis actiones*.

Nous avons vu qu'à partir de la loi *Petilia Papiria* (an. de Rome 428) la condition des débiteurs au point de vue des droits des créanciers sur la personne s'était sensiblement modifiée. Voici l'occasion qui donna naissance à cette loi (1).

Un jeune homme, C. Publilius, ne voulant pas laisser déshonorer la mémoire de son père se livra lui-même au pouvoir de Lucius Papirius son créancier. Celui-ci ayant fait des propositions déshonorantes à son détenu, Publilius les repoussa, préférant s'exposer aux châtiments dont le menaçait son patron, puis il parvint à s'échapper et se présenta au peuple accusant son patron d'infamie et de cruauté.

« La foule, devenue nombreuse, émue de compassion pour sa jeunesse, indignée de l'outrage qu'il avait subi, songeant qu'elle était exposée au même sort, s'élance

---

la *pignoris capio* contre celui qui devait la lui payer, *l'æs equestre* était l'argent accordé à chaque cavalier pour acheter un cheval et *l'æs hordearium* était l'argent destiné à acheter le fourrage pour le nourrir, *ad equos emendos*, dit *Tite-Live. I, 43, decem millia æris ex publico data, et quibus equos alerent, viduæ attributæ, quæ bina millia æris in annos singulos penderent.* (Voir aussi sur *l'æs equestre* et *l'æs hordearium*, Cicéron, *de republica*, II, 20).

1. Vainberg, la faillite d'après le droit Romain.

dans le forum et de là se dirige précipitamment vers la Curie.

Les consuls, contraints par ce tumulte imprévu, convoquent le sénat ; à mesure que les sénateurs entrent dans la Curie, on se précipite à leurs pieds, en leur montrant le corps tout déchiré du jeune homme. Ce jour là fut brisé par l'attentat et la violence d'un seul homme, l'un des liens les plus forts de la foi publique ». *Jussique consules ferre ad populum, ne quis, nisi qui noxam meruisset, donec pœnam lueret, in compedibus aut in nervo teneretur ; pecuniæ creditæ bona debitoris, non corpus obnoxium esset. Ita nexi soluti : cautum que in posterum, ne necterentur* (1).

Cette loi annula tous les engagements dont l'échéance n'était pas encore arrivée et défendit que les débiteurs pussent à l'avenir engager leur personne *per æs et libram* pour sûreté de la dette. Elle ne s'appliquait pas aux *addicti*, mais il est probable que le préteur s'efforça de faire prévaloir les principes émis par elle dans toute espèce de poursuites. Il paraît résulter d'un passage de Plaute que de son temps le préteur pouvait adjuger le patrimoine d'un débiteur à son créancier (2), mais il faut arriver jusqu'à l'institution de la *venditio bonorum*, pour trouver complètement organisée une véritable procédure

1. Tite-Live, *Histoire Romaine* traduction publiée sous la direction de M. Nisard, Paris, 1838, p. 376, liv. VIII, 28.

2. Plaute, *Pœnulus*, acte V. 186 : ...... *ubi in jus venerit, addicet prœtor familiam totam tibi.*

d'exécution sur les biens. Gaïus nous indique à peu près l'époque où fut introduite cette *venditio bonorum : quæ species actionis appellatur Rutiliana, quia ex prætore Publio Rutilio qui et bonorum venditionem introduxisse dicitur, comparata est* (1). Nous avons dit que Gaïus nous indiquait *à peu près* l'époque, parce que nous trouvons en l'an 586, un préteur, Publius Rutilius Calvus (Tit. Live. XLV, 44) et en l'an 448 un consul Publius Rutilius Rufus, jurisconsulte distingué au dire de Cicéron. C'est généralement à ce dernier que l'on attribue la création de la *venditio bonorum*. Quoiqu'il en soit, ce serait à la fin du VI° siècle ou à la première moitié du VII° que remonterait l'introduction de cette procédure que nous voyons complètement organisée dès la jeunesse de Cicéron. C'est précisément à cette voie d'exécution qu'est relative la première plaidoirie, *pro Quintio*, prononcée en 672.

Pour avoir une idée générale de la *bonorum venditio*, il nous faut dire quelques mots de la *bonorum sectio*, institution du droit civil sur laquelle le préteur l'a à peu près calquée.

Cette procédure avait lieu seulement en faveur de l'Etat, contre le condamné à une amende, contre un proscrit ou contre un citoyen dont la fortune était confisquée. C'était une vente en masse du patrimoine. L'autorité investie de *l'imperium*, accordait au questeur du trésor l'envoi en possession. Scipion l'Asiatique ayant été

____

1. Gaïus, IV, § 85.

condamné pour péculat, nous raconte Tite-Live, le préteur déclare : *se, ni referatur pecunia in publicum, quæ judicata sit, nihil habere quod faciat, nisi ut prehendi damnatum et in vincula duci jubeat* (1). Un tribun proclame contre cette mesure son intercession « *in bona deinde. L. Scipionis possessum publice quæstores prætor misit.* »

Les questeurs procédaient ensuite à une vente aux enchères qui se faisait par le ministère du crieur public. Devant eux était la lance, *hasta*, symbole de la propriété quiritaire, les acquéreurs, appelés *sectores* étaient les successeurs de celui dont les biens avaient été vendus, aussi étaient-ils tenus de toutes ses obligations et notamment des indemnités qui pouvaient être dues à raison du crime pour lequel il avait été condamné (2), *la sectio bonorum,* mode de transmission de propriété du droit civil faisait acquérir la propriété quiritaire. Varron mentionne parmi les moyens d'arriver au *dominium legitimum* le cas où *in bonis sectione re cujus publice misit* le bonorum sector avait pour se faire mettre en possession un interdit appelé *sectorium* (3).

Les *bonorum sectores* revendaient en général en détail le patrimoine dont ils avaient acheté l'universalité. Leur métier était peu estimé à Rome (4). C'est cette *bonorum*

1. Tite-Live. XXXVIII, 60.
2. *Ascionius in ven.* 1. 20.
3. Gaïus, 4, 146.
4. Il ne faut pas confondre la *sectio bonorum* avec l'*auctio bonorum* qui paraît désigner toute vente faite aux enchères d'objets

sectio que le préteur a pris pour modèle quand il a organisé la *bonorum venditio*.

Il transporta au profit des créanciers privés ce qui existait au profit du fisc, mais avec certaines différences dans les effets que nous verrons plus loin. De plus, au point de vue de la procédure, il prit modèle sur la *manus injectio*. « La personnalité juridique du débiteur, dit M. Ortolan, prenait la place de la personnalité physique et on appliquait à l'une ce qui dans l'action de la loi s'appliquait à l'autre ».

Pour étudier la *venditio bonorum*, il nous faut distinguer deux périodes : une période préparatoire, l'envoi en possession, *la missio in possessionem* et une période d'exécution proprement dite, la vente.

particuliers, et de plus une vente volontaire et non une vente faite au nom du fisc. — Asconius, *in Cic. ver r.*, 1. 20 ; Cicéron, *pro quint.*, 4. *Philipp.* II. ch. 20.

CHAPITRE II.

L'envoi en possession n'était pas seulement accordé par le préteur aux créanciers sur les biens de leur débiteur, il y avait plusieurs causes générales d'envoi en possession telles que la *missio in possessionem ventris nomine*, accordée à la femme enceinte en faveur de l'enfant conçu, mais qui n'était pas encore né au moment du décès de son père, *la missio in possessionem ex carboniano edicto* accordée en faveur de l'impubère successible dont l'état était contesté, *la missio in possessionem legatorum seu fidei commissorum servandorum causa*, en faveur du légataire dont le legs était fait à terme ou sous condition, ou était contesté, ou auquel l'héritier refusait une caution par fidéjusseur pour la conservation du legs, l'envoi en possession en faveur du voisin d'une maison menaçant ruine dont le propriétaire refuse la caution *damni infecti*.

Nous n'avons à nous occuper ici que de *la missio in possessionem rei servandæ causa*, dont l'effet général est d'enlever au débiteur l'administration de ses biens pour la confier aux créanciers. Ce n'est qu'un acte conservatoire ou un moyen indirect de contrainte, mais pas encore un acte d'exécution offrant u.. caractère définitif. Nous étudierons :

1° Les cas dans lesquels l'envoi en possession *rei servandæ causæ* peut avoir lieu.

2° Les personnes qui peuvent le demander.

3° Les biens qui peuvent en être l'objet.

4° La procédure à suivre pour l'obtenir.

5° Les effets qu'il produit.

6° Les différentes manières dont peut prendre fin cet envoi en possession.

SECTION I.

Des différents cas dans lesquels l'envoi en possession rei servandæ *causa peut avoir lieu.*

Gaïns, dans le paragraphe 78 de son commentaire III, nous indique les causes suivantes d'envoi en possession.

1° Lorsque le débiteur s'était caché pour frustrer son créancier.

2° Lorsque absent, il n'était pas défendu.

3° Lorsqu'il avait fait cession de biens.

4° Lorsque *judicatus*, il refusait de s'exécuter dans le délai de la loi.

5° Lorsqu'en mourant, il ne laissait aucun héritier connu.

« *Bona autem veneunt aut vivorum aut mortuorum. Vivorum, velut eorum qui fraudationis causa latitant ; nec ab-*

*sentes defenduntur ; item eorum qui ex lege julia bonis cedunt ; item judicatorum post tempus quod eis partem lege **XII** tabularum, partim edicto prætoris, ad expediendam pecuniam tribuitur. Mortuorum bona veneunt, velut eorum quibus certum est neque heredes, neque bonorum possessores, neque ullum alium justum successorem existere »*.

C'est encore Gaïus qui, dans le § 54 de son commentaire III, nous indique cet autre cas : lorsque la personne qui avait reçu le débiteur en adrogation refusait de se laisser poursuivre par le créancier.

Cicéron, dans le § 19 de son plaidoyer *pro quintio*, nous parle de l'envoi en possession des biens de celui « *qui exsulii causa, solum verterit* ».

Nous pouvons encore ajouter le cas d'une personne incapable non défendue par ses représentants légaux (1), et celui d'un héritier suspect refusant de fournir caution (2). Nous aurons ainsi vu toutes les circonstances pouvant donner lieu à la *missio in possessionem rei servandæ causa*.

M. Tambour fait remarquer avec juste raison que tous ces divers cas peuvent se ramener à deux idées : exécution d'une décision judiciaire et défaut de défenses suffisantes.

Dans la première idée rentre le cas d'une sentence mise à exécution, celui aussi où le débiteur est *confessus*, car la *confessio in jure* est assimiliée quant à ses effets à

1. Paul. *sent. liv.* v. 1. § B. § 1.
2. L. 31 § 5, de rel. *Auct. jud.*

une sentence et, de plus, le cas de cession de biens, car cette cession étant un moyen donné au débiteur pour éviter l'exécution sur les biens, suppose une sentence ou un aveu de la dette.

Dans la seconde idée rentrent tous les autres cas ; il y a en effet insuffisance de défenses, lorsque le débiteur est absent, ou refuse de se défendre, ou bien est incapable, ou a subi une *capitis deminutio*, ou si la succession de ce débiteur n'est pas acceptée ou l'est par un héritier n'offrant pas de garanties suffisantes.

Nous nous attacherons à ces deux idées générales et nous examinerons successivement les différents cas qu'elles comprennent.

§ 1. *Envoi en possession en vertu d'une exécution judiciaire.*

Nous avons dit que cette idée comprenait les trois cas suivants : envoi en possession en exécution d'une sentence en vertu d'une *confessio in jure* ; n vertu d'une cession de biens.

A) *Envoi en possession en exécution d'une sentence.*

Il est probable que c'est pour le cas d'une *condemnatio* que le préteur créa la *bonorum venditio*. Il est en effet naturel qu'il ait songé à appliquer à l'exécution d'une sentence contre le débiteur un procédé analogue à ce qu'était la *sectio bonorum* pour l'exécution d'un *judicium publicum*. Ce cas est le plus simple de tous. La loi des douze tables avait fixé à trente jours le délai accordé au débiteur pour exécuter la condamnation. Il était de quatre mois sous Justinien. « *Eos qui condemnati, solutionem pecu-niarum, quas dependere jussi sunt, ultra quatuor menses a die condemnationis, vel, si provocatio fuerit porrecta, a die con-firmationis sententiæ connumerandos distulerint, centesimas usuras exigi præcipimus* » (1).

On a discuté le point de savoir si le délai légal de trente jours fixé par la loi des douze tables n'a pas été porté à deux mois par une constitution des empereurs Gratien, Valentinien et Théodose ou s'il faut interpréter la loi (*de usu. rei jud.* du cod. Theod) en ce sens que le magistrat avait la faculté de prolonger ce délai de trente jours jusqu'à deux mois. M. Ortolan penche pour cette opinion (2). Il dit que le délai de trente jours pouvait, selon les circonstances et notamment pour cause d'ur-gence, être abrégé par le magistrat ou au contraire proro-gé jusqu'au double.

Ce cas d'envoi en possession occupe peu de place dans les textes du Digeste ; en effet, sous Justinien l'exécution sur l'ensemble du patrimoine a à peu près complète-ment disparu, et la cession de biens à raison des avan-tages qu'elle offrait devait être d'un fréquent usage.

B) *Envoi en possession en vertu d'une confessio in jure.*

L'aveu fait devant le magistrat produisant les mêmes effets qu'une sentence, nous n'avons rien de particulier à dire de l'envoi en possession au cas *de confessio in jure.*

C) *Envoi en possession au cas de cession de biens.*

1. L. II, c. *de Usuris rei judicatœ*, VII, § 4.
2. t. III. p. 579.

La cession de biens était un moyen accordé au débiteur d'échapper à la contrainte par corps et à l'infamie en abandonnant la totalité de ses biens à la masse de ses créanciers. Elle fut très probablement instituée par une loi *Julia judiciaria* que l'on pense devoir attribuer au règne d'Auguste. On trouve pourtant dans l'ancien droit les traces d'une idée analogue dans ce qu'on appelait le : *juramentum bonæ copiæ*. Varron en fait mention dans un texte assez obscur au sujet de la loi Petilia : « *omnes qui bonam copiam jurarunt, ne essent nexi, dissoluti.* » (1) ainsi les *nexi* pouvaient être libérés à condition de « *bonam copiam jurare,* » ce qui signifie, d'après certains interprètes : affirmer par serment qu'on a de quoi payer ; selon d'autres, qu'on ne peut satisfaire ses créanciers, selon M. Giraud, enfin, cela indique la promesse de mettre sa fortune entière à la disposition des créanciers ; la loi *Julia municipalis,* appelée aussi table d'Héraclée, fait également mention de cette institution, elle exclut des fonctions municipales celui « *qui bonam copiam juravit.* »

Quoiqu'il en soit, il n'y avait vraisemblablement là aucune obligation pour les créanciers. Ce n'était qu'un usage dû à leur tolérance.

Ce n'est donc qu'à partir de la loi *Julia judiciaria* que fut organisée la cession de biens. Elle pouvait se faire soit devant le juge, soit devant le magistrat, soit même extrajudiciairement, comme nous l'enseigne Marcien : « *Bo-*

---

1. Varron de *lingua latina,* VII, 5.

nis cedi, non tantum in jure, sed etiam extra jus potest ; et suffcit et per nuntium vel per epistolam res declarari » (1). D'après M. Tambour ce texte est d'ailleurs interpolé, mais au début, certaines formalités étaient exigées. C'est ce que prouve la Const. 6, *qui bon. cod. l'inscriptio* porte te : « *Theodosius apud acta dixit ;* » et la loi : « *in omni cessione honorum, ex qualibet causa facienda, scrupulositate priorum legum explosa, professio sola quærenda est. — Item dixit : In omni cessione suffcit voluntatis sola professio.* »

Quant aux conditions de fond, la cession de biens suppose nécessairement une condamnation ou une *confessio in jure.* C'est en effet un moyen d'échapper à l'exécution sur la personne, laquelle n'est possible qu'en vertu d'une sentence ou d'un aveu devant le magistrat.

Il fallait ensuite que le débiteur eût des biens à céder, les fils de famille pouvaient céder les biens qui composaient leur pécule, mais Justinien, par une exception remarquable, leur permit de faire cession même quand ils n'avaient pas de biens, « *etsi nihil in suo censu habeant.* » Les créanciers acquéraient alors le droit de faire vendre les biens qui pouvaient leur advenir dans la suite.

On peut encore se demander si, sous les conditions que nous venons de citer, le débiteur pouvait toujours faire cession de biens, ou s'il ne fallait pas encore exiger sa bonne foi et l'absence de faute de sa part.

On fait remarquer, pour soutenir l'affirmative, que

1. Loi 9 Dig. d. cession *honorum* XII, 8.

l'exécution sur la personne persistait, même après la cession de biens. A cela on peut répondre que ceux qui n'avaient pas de biens ne pouvaient songer à la cession et que c'est à eux que pouvait s'appliquer cette exécution sur la personne.

On ajoute que Sénèque indique une distinction faite entre les dissipateurs et que ceux des malheurs avaient réduits à l'insolvabilité. (1) Enfin, dit-on, la distinction entre le débiteur coupable de mauvaise foi et celui qui est devenu insolvable par suite d'un malheur, résulte de la manière la plus formelle de la Const. 1. c. (Théod). *qui ex lege Jul. bon. ced. IV. 20* : « *ne quis omnino vel fisci debitor vel alienæ rei in auro atque in argento diversis que mobilibus retentator ac debitor, bonorum faciens cessionem, liberum a repetitione plenissima nomen effugiat, sed ad redhibitionem debitæ quantitatis, congrua atque dignissima suppliciarum acerbitate, cogatur. Nisi forte propriorum dilapidationem bonorum aut latrociniis abrogatam aut naufragiis incendioque conflatam, vel quolibet majoris impetus infortunio atque dispendio docuerit afflictam.* »

Mais on ne saurait comprendre comment une restriction si importante n'est pas expressément proclamée dans le recueil de Justinien, tandis qu'elle devrait figurer au premier rang parmi les textes relatifs à la cession de biens.

Et il est à remarquer que cette constitution 1 du code

---

1. *De beneficiis*, 1. 10.

Théodosien que l'on cite comme absolument déterminante n'a pas passé dans le code de Justinien. D'ailleurs,
il est permis de croire que ce texte ne s'est jamais appliqué à d'autres débiteurs qu'aux débiteurs du fisc, il se
peut, ainsi que le prétend Godefroy, que les mots « *retentator ac debitor alienæ rei*, désignent les officiers chargés
de la perception des revenus du trésor. A l'appui de cette
opinion viendrait une autre constitution des mêmes empereurs Gratien; Valentinien et Théodose, la const. 4 du
même titre, refusant la cession de biens aux débiteurs
du fisc ; elle mentionne séparément les contribuables et
les comptables : « *Nemo susceptor, vel exactor, vel debitor
fisci duntaxat, cessionem bonorum faciens, intentionem publicæ
necessitatis evadat* ».

Il est vrai que les partisans de l'opinion contraire se
sont encore appuyés sur ce fait : que le débiteur qui faisait
la cession de biens n'était pas noté d'infamie, à la différence
de ce qui se passait ordinairement au cas de vente en
masse ; mais cette raison à elle seule ne nous paraît pas
concluante, alors que la règle n'est nulle part énoncée aux
textes du Digeste ou du code. Il nous reste à voir quels
effets produisait cette cession de biens.

D'abord elle évitait la contrainte sur la personne et ne
permettait que l'exécution sur les biens, elle évitait au
débiteur l'infamie qui résultait en général de la vente en
masse.

Elle ne libérait pas absolument le débiteur, mais actionné en vertu d'une créance antérieure à la cession, il

pouvait opposer l'exception « *nisi bonis cesserit* » lorsqu'il n'avait pas acquis de nouveaux biens.

Le débiteur pouvait opposer l'exception « *nisi bonis cesserit* » à tous les créanciers antérieurs à la cession, alors même que leurs créances auraient été inconnues à la masse. *Eum, qui bonis cessit, ne quidem ab aliis quibus debet, posse inquietari* (1). Cependant cette prescription n'était pas absolue : *si quis dolo fecerit ut bona ejus venirent, in solidum tenetur* (2).

Si le débiteur avait acquis de nouveaux biens, il n'était condamné que *in id quod facere poterat*.

D'ailleurs, le seul fait de la cession de biens ne suffisait pas pour transférer aux créanciers la propriété des biens du débiteur (3). Tant que la vente n'a pas eu lieu, le débiteur a le droit de revenir sur la cession qu'il a faite en payant ce qu'il doit (4). Les créanciers ne peuvent que poursuivre la vente après avoir obtenu du préteur l'envoi en possession.

Nous avons dit que la cession de biens n'entraînait pas l'infamie, il en résultait pourtant pour le débiteur une certaine humiliation. C'est ce que nous indique la novelle 4, C. 3, où il est dit en parlant de la cession : *cum injuria et affectu acerbo*, et aussi la novelle 135 de Justinien.

La C. 8, de Justinien *qui bon. ced. poss.*, nous parle

1. Loi 4, Dig. XLII, 3.
2. Loi 51, Dig. XLII, 1.
3. C. 4, *qui bon. ced.*
4. C. 2, *qui bon. ced.*

d'une option offerte aux créanciers entre la cession de biens et un délai de cinq ans accordé au débiteur. La décision se prend à la majorité non d'après le nombre des personnes, mais d'après le montant des créances. Ce n'est que s'il y a égalité de sommes que l'on considère la majorité en nombre. Enfin, s'il y a égalité en sommes et en nombre, c'est le délai qui est concédé au débiteur. Tous les créanciers, hypothécaires ou autres, délibèrent ensemble.

§ II. *L'envoi en possession est ordonné parce qu'il y a insuffisance de défense de la part du débiteur.*

On peut dire qu'il y a insuffisance de défense de la part du débiteur s'il est absent, s'il refuse de se défendre ou s'il est incapable, s'il a subi une *capitis deminutio*, si sa succession est vacante ou acceptée par un héritier qui n'offre pas de garanties suffisantes.

Nous allons reprendre chacune de ces différentes hypothèses.

Absence du débiteur.

A Rome, la procédure se divisait en deux phases bien distinctes, l'une qui précédait, l'autre qui suivait la *litis contestatio*. Nous devons distinguer suivant que l'absence du débiteur se produisait avant ou après la *litis contestatio*. Une fois qu'il y avait *lis contestata*, la sentence pouvait être obtenue malgré le défaut de l'une des parties, le magistrat, par trois édits rendus à dix jours d'intervalle, ordonnait la comparution du défendeur défaillant (1), dans certaines circonstances, un seul édit pouvait suffire (2). Après quoi, la sentence était rendue comme si le défendeur était présent.

Si le défendeur faisait défaut au contraire avant la *litis contestatio*, le demandeur ne pouvait pas obtenir de jugement. Ici, il faut encore distinguer si l'absence a eu lieu avant ou après la *vocatio in jus*.

Supposons d'abord que le demandeur a pu procéder à la *vocatio in jus*, mais la procédure *in jure* n'est pas terminée. Dans ce cas le défendeur s'engageait par stipulation, en faisant garantir sa promesse par des fidéjusseurs à se présenter de lui-même *in jure* au jour déterminé. C'était, *vadimonium promittere*. Le jour venu, le défendeur ne comparaît pas, ni personne pour lui, le créancier pourra demander l'envoi en possession. *In bona ejus, qui judicii sistendi causa fidejussorem dedit, si neque potestatem sui facit neque defenderetur, iri jubebo* (3) (le créancier pouvait aussi poursuivre le fidéjusseur par l'action *ex stipulatu*, fr. 2, § 5, D. *qui satisd. cog.* II, 8).

Mais si l'absence du débiteur n'a pas même permis la *vocatio in jus*, que se passera-t-il ? Ici encore le créancier pourra demander la *missio in possessionem* avec d'autant plus de raison que c'est la seule voie qui lui restera ouverte. L'édit cependant ne prévoit que le cas où le dé-

<hr>

1. LL. 68-71. D. *de judiciis* V, 1. — Paul sent. V, 5 A, § 7.
2. L. 72. Dig. *de jud.*
3. Fr. 2 pr. D. *quid. ex caus. in poss.* XLII, 4.

biteur a échappé à la *vocatio in jus* par une absence frauduleuse, en se tenant caché, *latitando*, mais ce n'est qu'en ce qui concerne la possibilité de vendre qu'il peut y avoir intérêt à distinguer s'il y a ou non *latitatio* (1).

On ne considérait pas comme *indefensus* celui dont l'absence ne causait aucun préjudice au demandeur, celui, par exemple, qui ayant une exception à opposer à la demande formée contre lui, aurait été absous par le juge (2).

Refus de se défendre ou incapacité du débiteur.

Il se peut que, malgré la présence du débiteur, l'instance ne puisse être organisée, si le *reus* refuse de se défendre ou s'il est incapable.

Si après avoir comparu *in jure*, le débiteur refuse de se défendre, il sera traité comme s'il était *damnatus*, en ce sens que les mêmes moyens d'exécution seront employés (3). Le créancier détiendra l'envoi en possession. *Non defendere videtur, non tantum qui latitat sed et is qui præsens negat se defendere aut non vult suscipere actionem* (4).

Mais cette obligation de se défendre n'existe pas à l'encontre de celui qui ne se trouve à Rome que momentanément, pour un service public, pour l'appel d'une sentence rendue contre lui ou pour une affaire qui lui est étran-

---

1. Fr. 7 § 17. D. *quibus ex. caus. in poss.* XLII, 4. — Fr. 21 §7. D. IV, 6.

2. 2 § 3 D. *quib. ex caus. in poss.* XLII, 4. — 7. § 14. D. *eod. tit.*

3. Lex. Gall. cisalp. 21, 22. — 52 D. *De reg. juris*, L, 17.

4. Ulpien, loi 52. D. *De reg. juris*, liv. 50, t. 17.

gère, il jouit du droit d'être jugé chez lui (*jus revocandi domum*).

Nous avons dit que l'envoi en possession pouvait encore avoir lieu si le débiteur était incapable. Le défendeur pouvait être un pupille qui n'avait pas de tuteur ou que son tuteur ne défendait pas : *si pupillus præsens sit, tutorem autem non habeat, pro absente habendus est*. (1). Le préteur ne devait d'ailleurs ordonner l'envoi en possession que dans le cas où personne ne voulait se charger de défendre le pupille : *si existat aliquis qui defendere sit paratus, cessabit rei servandæ causa possessio* (2).

Le préteur appelait d'abord le tuteur, puis les parents, les alliés, les affranchis, et ce n'était qu'à défaut de toutes ces personnes que l'envoi en possession pouvait être ordonné.

Ce que nous venons de dire du pupille s'applique au *furiosus* « *quia sui non est idoneus defensor* » (3), de même pour le prodigue et tous ceux qui sont sous la dépendance d'un curateur, *idemque et in prodigo dicendum est cæterisque qui curatorum ope juvantur* (4).

Capitis deminutio du débiteur.

Il ne s'agit ici que de la *minima capitis deminutio*, car dans les *media* et *maxima*, les créanciers de la personne qui en

1. Ulpien, loi 10 *quib. ex. caus. in poss.* XLII, 4.
2. Loi 5, pr. et § 1, *quib. ex. caus. in poss.*
3. Ulpien, loi 5, *De reb. aut jud.*
4. Loi 7 § 12, *quib. ex. caus. in poss.*

était frappée s'adressaient directement à ceux qui avaient recueilli son patrimoine.

La *minima capitis deminutio* produisait cet effet qu'elle éteignait toutes les obligations, du moins celles qui naissaient *ex contractu* ou *quasi ex contractu*, mais le préteur accordait aux créanciers la *restitutio in integrum*. Cependant un obstacle particulier se présentait lorsque le *capitis deminutio* avait eu pour effet de soumettre à la puissance d'un autre celui qui auparavant était *sui juris*. Celui qui avait en sa puissance le débiteur *capite minutus* acquérait aussi tous ses biens, mais ses dettes ne passaient pas contre lui. Un effet de la *restitutio in integrum* était alors de faire regarder la *capitis deminutio* comme n'ayant pas eu lieu *rescisa capitis deminutione* et si le père adoptif ou celui qui avait acquis la *manus* ou le *mancipium* ne venait pas défendre à l'action intentée contre le débiteur *capite minutus*, les créanciers pouvaient obtenir l'envoi en possession de tous les biens qui sans la *capitis deminutio* auraient appartenu à leur débiteur (1).

Vacance de la succession ou acceptation par un héritier qui n'offre pas de garanties suffisantes.

Les créanciers peuvent encore demander l'envoi en possession lorsque le débiteur meurt, et que sa succession est vacante, c'est-à-dire lorsque personne ne vient à la succession ou que l'héritier ne présente pas des garanties suffisantes, il n'était pas même nécessaire que la

____

1. Gaius, III, 84. — Instit. *de acquio. per adrog.* § 3.

vacance fût établie, il suffisait qu'il y eût incertitude assez grande, le magistrat avait un pouvoir d'appréciation ; *si diu incertum sit heres extaturus necne sit, causa cognita permitti oportebit bona rei servandæ causa possideri.* (1).

Si l'héritier institué sous condition déclarait que, même *adveniente conditione*, il n'accepterait pas, il était considéré comme répudiant (2).

Enfin l'envoi en possession pouvait avoir lieu si l'héritier était suspect et refusait de donner caution sur l'ordre du préteur. Le préteur, pour apprécier la demande des créanciers contre l'héritier, doit tenir compte de sa position de fortune plus que de son honorabilité. *Suspectus heres non iisdem modis quibus suspectus tutor æstimatur ; siquidem tutorem non facultates sed fraudulenta in rebus pupilloribus, sed callida conversatio suspectum commendet ; heredem vero sola facultatis* (3).

Mais si les créanciers ont trop tardé à former leur demande, ils n'obtiennent l'envoi en possession qu'à la charge de prouver le dol de l'héritier (4).

Si la demande des créanciers n'est pas justifiée, s'ils ont représenté à tort l'héritier comme suspect, une action d'injures était donnée contre eux, *quodsi nec inopia laborantem eum creditores ostendere poterint, injuriarum actione ei tenebuntur* (5).

1. Loi 8. *quib ex caus. in poss.*
2. loi 6 pr. D. de cur. bon. Dand.
3. Loi 31, § 1 *de reb. auct. jud.*
4. L. 31 § 2. *de reb auct. jud.*
5. L. 31 § 5, eod. tit.

SECTION II

Des personnes qui peuvent demander l'envoi en possession.

L'envoi en possession peut être demandé par tous les créanciers, pourvu toutefois que leur qualité soit reconnue. Demandé par un seul il profitera d'ailleurs à tous : *cum unus ex creditoribus postulat in bona debitoris se mitti : queritur, utrum solus is qui petit possidere potest? an cum unus petit et prætor permisit, omnibus creditoribus aditus sit? Et commodius dicitur cum prætor permiserit, non tam personæ solius petentis, quam creditoribus et in rem permissum : quod et Labeo putat* (1). Le jurisconsulte ajoute qu'il ne faudrait pas s'arrêter à l'objection que l'on pourrait essayer de tirer du principe, *nemo per extraneam personam acquirere potest*, parce que le poursuivant n'a fait que remplir une formalité de procédure et n'a rien acquis pour personne (2).

Même si le débiteur payait le créancier qui aurait obtenu l'envoi en possession, les autres créanciers pouvaient profiter de la *missio, si creditor cui permissum est possidere, postea recepit debitum suum, cæteri enim possunt peragere bonorum venditionem* (3).

Comment les autres créanciers viendront-ils se lier à la procédure lorsque l'un d'entre eux aura pris l'initia-

1. Loi 12 pr. D. *de reb. auct jud.*
2. Conf. loi 5 § 2 D. *ut in poss. leg.* XXXVI, 4.
3. Loi 12 pr. *in fine*, D. *de reb. auct jud.* XLII, 5.

tive. Cette question paraît n'avoir été définitivement tranchée que sous Justinien. Celui qui voulait profiter de la *missio* déjà accordée, devait notifier ses titres aux autres créanciers dans un délai de deux ou quatre ans suivant qu'ils demeuraient ou non dans la même province, ils devaient aussi rembourser leur part dans les frais faits par les premiers, frais dont le montant devait être attesté par serment (1).

Il est une question qui soulève quelque difficulté c'est celle de savoir si les créanciers à terme ou conditionnels peuvent obtenir l'envoi en possession. Nous trouvons sur ce point au Digeste deux textes contradictoires. Dans l'un Paul nous dit : *in possessionem mitti solet creditor et si sub conditione pecunia ei promissa sit* (2) et dans l'autre, c'est Paul encore qui nous dit au contraire : *creditor autem conditionalis in possessionem non mittitur, quia is mittitur, qui potest bona ex edicto vendere* (3). Le fait que les deux textes émanent du même auteur a conduit les interprètes à chercher une conciliation.

Suivant Cujas et Pothier, les créanciers conditionnels pourraient obtenir l'envoi en possession, mais à titre de

1. On s'est demandé, à propos du délai de 2 ou 4 ans de quelle province il s'agissait, le texte dit : celle *in qua et possessores rerum commorentur*. Fallait-il entendre parlà les créanciers ou les débiteurs propriétaires des biens ? M. Tambour pense que d'après l'ensemble des textes, il paraît peu probable qu'il s'agisse des créanciers auxquels la notification est faite, mais il devait y avoir des difficultés que la constitution de Justinien ne résout pas s'il demeuraient eux-mêmes en diverses provinces.

2. Loi 6 pr. D. *quib et caus.* XLII, 4.

3. Loi 14 § *cod. tit.*

simple formalité, ils n'obtiendraient ni le droit de gage ni le droit de vendre, *si ergo initium spectes*, dit Cujas, *mittuntor, si finem vel effectum, non mittuntur* (1).

Doneau pense que le créancier à terme ou conditionnel ne pourra obtenir l'envoi en possession s'il est seul ; mais qu'il pourra en profiter si d'autres créanciers sont envoyés en possession.

Peut-être pourrait-on expliquer la divergence de ces textes (2), en se reportant aux différents points de vue auxquels Paul a pu successivement se placer. La loi 6 dit : *Mitti solet* ; elle constate un fait, la pratique en vigueur ; elle est tirée de l'ouvrage de Paul sur l'Edit. Au contraire, la loi 14 est tirée de ses *quæstiones*, ouvrage purement doctrinal. Il se peut que Paul se soit placé uniquement au point de vue de la doctrine en disant que l'envoi ne peut avoir lieu, *quia is mittitur qui potest bona ex edicto vendere*. Or, les créanciers *conditionnels* et à terme ne peuvent pas requérir la vente, parce que si la *bonorum venditio* a lieu, leur droit ne se trouve pas compromis, puisque *l'emptor bonorum* est un successeur universel tenu de toutes les obligations du débiteur.

Il est en tous cas certain que le débiteur à terme ou sous condition n'aurait pas pu provoquer la vente.

1. Cujas sur la loi 14, au liv. 2 des quest. de Paul.
2. M. Simon, thèse. Paris, 77.

SECTION III.

Biens qui peuvent faire l'objet de l'envoi en possession.

La *missio in possessionem* devait porter sur l'immeuble du patrimoine et non pas sur tel bien particulier du débiteur. Nous en trouvons la preuve dans un passage du plaidoyer de Cicéron, *pro Quintio : Bonorum possessio spectatur non in aliqua parte, sed in universis quæ teneri ac possideri possunt.* Cet envoi en possession de tous les biens était d'ailleurs obligatoire pour que la vente du patrimoine du débiteur fût permise.

Les créanciers n'ont d'ailleurs aucun droit à prétendre sur ce qui n'est pas objet de propriété, par conséquent sur les personnes libres qui se trouvent placées à un titre quelconque sous la puissance du débiteur, mais même en ce qui touche les biens, le principe souffrait quelques exceptions.

Quoique les esclaves fussent compris dans le patrimoine, on avait admis une exception en faveur de la concubine et des enfants naturels du débiteur, eu égard à l'affection qu'il devait leur porter. *Bonis venditis, excipiuntur concubina et liberi naturales* (1).

Il en était de même des statues qui avaient été élevées en l'honneur du débiteur et qui étaient sa propriété personnelle, cela résulte d'une loi de Paul. *Fufidius refert*

1. Paul, loi 38, pr. D. XLII, 5.

statuas in publico positas, bonis distractis ejus, cujus in honorem positæ sunt, non esse emptoris bonorum ejus ; sed aut publicas, si ornandi municipii causa positæ sint, aut ejus cujus in honorem positæ sint, et nulle modo eas detrahi posse (1).

On s'est demandé s'il fallait excepter aussi le fonds dotal déclaré inaliénable par la loi Julia ; mais la prohibition de la loi Julia ne concernait pas les aliénations faites *ex causa necessaria* et tel est évidemment le caractère de l'aliénation qui suit la *missio in possessionem*.

Dans le droit de Justinien, l'envoi ne comprend plus la totalité des biens du débiteur, mais seulement une portion calculée d'après l'importance de la dette *secundum mensuram declarati debiti* (2).

Dans le droit ancien, il n'y avait point à distinguer pour l'étendue de l'envoi en possession entre l'action personnelle et l'action *in rem*, puisque dans l'envoi en possession en vertu de la sentence, la condamnation, sous le système formulaire, était toujours pécuniaire.

Au cas d'*indefensio*, Ulpien pense qu'il ne fallait envoyer en possession de tous les biens que s'il y avait *latitatio* (3). Cette distinction s'expliquerait par ce fait que l'on doit arriver à la vente dans le cas de *latitatio*, tandis que, au cas d'absence pure et simple, l'envoi en possession n'est accordé qu'à titre conservatoire.

De même au cas de pétition d'hérédité, même s'il y a

1. Loi 20, D. XLII, 5.
2. Nov. 53, C. 4, § 1.
3. L. 7 § 10, D. *quib. ex caus. in poss.*

latitatio, l'envoi en possession se limiterait aux biens héréditaires (1), à moins que celui contre lequel on agit, eût cessé par dol de posséder les biens de la succession.

Plus tard, lorsque sous le système extraordinaire, la condamnation en matière réelle porta sur la chose elle-même, l'envoi en possession fut, lui aussi, limité à l'objet litigieux.

SECTION IV.

Procédure à suivre pour obtenir l'envoi en possession.

Nous avons dit que c'est au magistrat que les créanciers devaient s'adresser pour obtenir l'envoi en possession ; mais il nous faut examiner à quelle sorte de magistrat, en général, il fallait s'adresser et ensuite à quel magistrat relativement au débiteur et à la situation des biens.

Sous la République, c'était le préteur qui, à Rome, avait le droit d'envoyer les créanciers en possession ; dans les provinces, les gouverneurs. En Italie, dans les préfectures, les *præfecti* envoyés de Rome, et dans les autres villes, les *duumviri ou quatuorviri juridicundo*, dans les limites où ils peuvent connaître de l'action (2).

Sous l'Empire, l'Empereur, le préfet du prétoire, le *præfectus urbis*, ont à Rome le droit d'exécution.

1. Loi 7 § 18, D. XLII, 4.
2. Lex Galliæ Ciscalpinæ, C. 21, 22.

En Italie, les magistrats municipaux perdent leur pouvoir (1), et l'*imperium* appartient désormais aux magistrats supérieurs, qui, suivant les temps, portent le nom de *consulares* ou de *juridici*.

Dans les provinces les gouverneurs conservent leurs attributions.

Sous les Empereurs chrétiens, c'est le préfet de la ville qui, à Rome ainsi qu'à Constantinople, devient le magistrat principal. Dans tout le reste de l'Empire le droit de décréter la *missio in possessionem* appartient aux préfets du prétoire placés à la tête des quatre grandes préfectures, à leurs *vicarii* et aux *rectores provinciarum*.

Chacun de ces magistrats pouvait d'ailleurs déléguer à un autre magistrat et même à un simple particulier les pouvoirs qui lui appartenaient (2).

Quel sera maintenant le magistrat compétent *ratione personæ* pour ordonner l'envoi en possession ? Celui du domicile du défendeur, nous dit Paul a et aussi celui du lieu où on a contracté, dit Gaïus. *Venire bona ibi oportet, ubi quisque defendi debet, id est ubi domicilium habet ; at ubi quisque contraxerit. Contractum autem non utique eo loco intelligitur, quo negotium gestum sit ; sed quo solvenda est pecunia* (3).

Ici se pose une question qui présente quelque analogie

1. Loi 26 § 1, D. L. 1.
2. Loi 5 § 21. D. *De off. ejus cui manet.* I, 21.
3. Gaïus, loi 3, D. *De reb. auct. jud.* XLII, 5. Paul, loi 2, *eod tit.*

avec des questions très-importantes dans notre droit Français en matière de faillite.

Si le débiteur avait des biens situés dans d'autres provinces, un seul envoi en possession suffisait-il, ou fallait-il demander l'envoi en possession au magistrat de la province où les biens étaient situés ?

A première vue, et d'après le texte suivant de Paul, il semblerait qu'on dût adopter cette dernière solution : « *is qui possidero jubetur eo loco jussus videtur cujus cura ad jubentem pertinet.* » (1) Mais n'est-ce pas contraire au caractère de *la missio in possessionem ?* ne doit-elle pas porter sur l'ensemble du patrimoine et sur un ensemble indivisible ? et il aurait pu y avoir grand inconvénient à voir l'envoi en possession accordé par un magistrat et refusé par l'autre. Il est probable que la mission des magistrats des diverses provinces était simplement d'accorder au premier décret une sorte d'exequatur.

Il nous reste une dernière question à examiner pour achever la procédure de l'envoi en possession, c'est celle de savoir si l'envoi en possession avait lieu à l'audience ou si une simple ordonnance suffisait. Pour qu'une simple ordonnance fût suffisante il fallait qu'il n'y eût pas lieu à *cognitio causae*. « *O·nia quaecumque causae cognitionem desiderant, per libellum expediri non possunt.* (2)

L'envoi en possession donnait-il toujours lieu à *causæ*

---

1. Loi 12 § 1 D. *quib. ex caus. in poss.* XLII. 4.
2. Loi 71, *de reg. jur.* conf. Loi 8 § 8 *de bon poss.*

cognitio ? La question se pose surtout pour les cas où l'envoi en possession avait lieu pour insuffisance de défense de la part du débiteur. Il est probable qu'au cas de *latitatio* la *causæ cognitio* était exigée, parce que la vente des biens devait suivre de près l'envoi en possession (1). Dans les autres cas, il semble que le préteur n'avait pas à examiner l'affaire au fond, tout en pouvant rejeter *de plano* la demande d'envoi en possession, si la prétention du demandeur lui paraissait complètement injustifiée.

Cet envoi en possession accordé sans *cognitio causæ* pourrait paraître dangereux pour un débiteur absent, mais celui-ci pouvait toujours venir contester les faits allégués par celui qui se prétendait créancier, il pouvait ainsi faire tomber la *missio in possessionem* et même la *venditio bonorum* (2).

Il semble que sous Justinien la *causæ cognitio* ait été exigée dans tous les cas (3).

SECTION V.

Effets de l'envoi en possession.

Nous devons examiner les effets de la *missio in possessionem* et au point de vue des créanciers et au point de vue *du débiteur*.

1. Conf. loi 18, D. *si servitus vindic.* et loi 9 c. *de bon jud. auct.*
2. Loi 7, § 3, D. *Quib. ex caus.* XLII, 4, loi 30, D. *De reb. auct. jud.* XLII, 5.
3. Loi, 13, § 3, C. *de judiciis*, III, nov. 53, ch. IV, § 1, nov. 69, ch. 2 et 3.

§ 1. — *Effets de l'envoi en possession au point de vue des créanciers.*

Ce n'était certainement pas la propriété que la *missio in possessionem* conférait aux créanciers, ce n'était pas non plus une *possessio civilis*, parce que celle-ci aurait conduit à l'usucapion et il était de principe absolu, la vente étant nécessaire, que les créanciers envoyés en possession ne pouvaient arriver à la propriété quiritaire. Ce n'était pas même une *possessio ad interdicta*, car ils n'avaient pas droit aux interdits possessoires. *Creditores, missos in possessionem, rei servandæ causa, interdicto uti possidetis uti non posse; et merito, quia non possident* (1).

Ils ne sont que de simples détenteurs, possédant pour autrui, ils ont une *detentio* qui leur permet d'exercer une surveillance capable d'empêcher le débiteur de diminuer son patrimoine. Ce qu'on appelle, *custodia et observatio* (loi 3, § 23, D. *de acquir. vel amitt.* poss. XLI, 2), les détails de cette détention sont d'ailleurs réglés par l'édit : *Qui ex edicto meo in possessionem venerint, eos ita videtur in possessione esse oportere : quod ibidem recte custodire poterunt, in ibidem custodiant ; quod non poterunt, id auferre et abducere licebit, dominum invitum detrudere non placet* (2).

Si le débiteur résiste à la *missio in possessionem*, les créanciers pourront s'adresser au magistrat qui dispose

1. Ulpien, loi 3, § 8, *Dig. uti possid.* XLIII, 17.
2. Ciceron. *pro quintio*, XXVII.

de la *manus militaris* pour l'exécution de ses ordres. Contre les étrangers qui pourraient troubler les créanciers le préteur leur accorde un interdit spécial : l'interdit *ne vis fiat ei qui in possessionem missus erit* » (1). Pour connaître les conditions auxquelles cet interdit était accordé, nouspouvons nous reporter aux termes de l'édit. *Ait prætor : si quis dolo malo fecerit, quominus quis permissu meo, ejusve, cujus ea jurisdictio fuit, in possessionem bonorum sit, in eum in factum judicium quanti ea res erit, ob quam in possessionem missus erit, dabo* (2).

La condition nécessaire et suffisante est donc qu'il y ait eu dol, l'interdit ne sera donc pas donné contre celui qui aura causé le trouble n'étant pas *doli capax* ou croyant la chose sienne (3).

L'action accordée contre celui qui a violé l'interdit est pénale, ne dure qu'une année et ne passe pas contre les héritiers. Cependant elle pourra être accordée après l'année écoulée et contre les héritiers, *in id quod pervenit*, le montant de la condamnation se calcule d'après l'intérêt du demandeur. Celui-ci ne pourra pas obtenir de condamnation s'il avait été envoyé en possession n'étant pas réellement créancier ou pouvant être repoussé par une exception (4). Il ne pourra de toute façon pas obtenir en même temps condamnation et poursuivre contre le débi-

1. Dig. loi 43, t. 4.
2. Loi 1, pr. l. 43, t. 4.
3. Loi 1, § 4, Dig. XLIII, 4.
4. Loi, 1, § 5, D. *cod. tit.*

leur le paiement de sa créance par l'envoi en possession (1), si toutefois sa créance a été complètement éteinte
par l'effet de cette condamnation.

L'envoi en possession peut avoir lieu et le créancier
peut être considéré comme exerçant la *detentio* nécessaire
au point de vue de la vente future, même s'il n'y a aucun
objet dans le patrimoine du débiteur dont la détention
matérielle soit possible. *Quia forte nihil fuerit quod possideatur, aut sine controversia non possideatur* (2). Si par
exemple, le fonds appartenant au débiteur est inondé ou
occupé par des brigands.

La détention n'est pas le seul effet que produise
la missio in possessionem à l'égard des créanciers, elle leur
donne en outre un droit de gage appelé *pignus prætorium.*

Comme la *missio in possessionem* ce *pignus* s'étend à
toute espèce de biens, même aux biens incorporels, comme
elle il appartient à tous les créanciers, mais il ne peut
s'établir qu'une fois les créanciers mis en possession effec-
tive des biens.

Le pignus prætorium confère aux créanciers un droit de
préférence et un droit de suite ; non pas un droit de préférence au profit du créancier qui s'est fait le premier
envoyer en possession et a acquis ce droit de gage ; mais
un droit de préférence au profit de tous les créanciers à
l'encontre des tiers auxquels le débiteur aurait consenti

1. Loi 51, D. *De rejudicata*, XLII, 1.
2. Loi 13, Gaius, *De reb. auct. jud.*

des droits réels après l'envoi en possession ou qui auraient obtenu un envoi en possession à un titre différent (1).

Jusqu'à Justinien, il s'était élevé des controverses sur le point de savoir si le *pignus prætorium* entraînait aussi le droit de suite. Justinien trancha la question dans le sens de l'affirmative (2). Il paraît résulter du silence des textes, que l'envoi en possession ne changeait rien à la situation des créanciers hypothécaires.

Ces biens sur lesquels les créanciers avaient la détention et le *pignus prætorium*, ils en avaient encore l'administration. Ils pouvaient tout d'abord faire un inventaire des titres et de tous les biens du débiteur (3) ils pouvaient aussi vérifier ses comptes, mais deux fois au plus, et encore leur fallait-il jurer, la seconde fois, qu'ils n'agissaient pas par esprit de chicane (4) mais qui sera chargé de faire les actes d'administration proprement dits ? les créanciers pouvaient figurer tous ensemble dans les actes mais en général ils confiaient l'administration à un curateur. La nomination du curateur était même indispensable au cas où il y avait des actions à exercer au nom du débiteur (5).

La majorité des créanciers désignait le curateur soit parmi eux, soit en dehors de la masse (6). La nomina-

1. Lois 5, § 4. 11 § 1, D. *ut in poss. legat. val fedeic.* XXXVI, 4, loi 3, C. *ut in poss. legat.* VI, 54.
2. Const. 2, C. *De præter pign.* VIII. 22.
3. Loi 15 *pr*, *de reb. auct. jud.*.
4. Loi 15, § 1, *eod. tit.*
5. Loi 14. D. *de reb. auct. jud.* XLII, 5.
6. Loi 5. D. *de cur bon. dando*, XLII, 7.

tion du curateur devait être confirmée par le magistrat, sinon les actes faits par lui n'étaient opposables qu'à ceux qui l'avaient nommé (1). Le curateur avait le droit de refuser cette fonction, mais dans certaines circonstances particulières, l'empereur pouvait la lui imposer (2).

Le curateur agissait dans l'intérêt des créanciers, mais il était en même temps le représentant de la personne du débiteur. Il devait payer les dettes dont le non paiement aurait fait encourir une clause pénale. Des actions utiles étaient données contre lui (3). Il pouvait constituer des *procuratores ad litem*, mais c'était en son nom qu'étaient données les cautions *judicatum solvi* et *de rato*.

Le curateur répondait de son dol et de sa faute lourde Si sa nomination avait été confirmée par le magistrat, les créanciers qui l'avaient nommé avaient contre lui l'action *mandati directa*. Les autres avaient l'action *negotiorum gestorum directa*. Si la nomination du curateur n'avait pas été confirmée par le magistrat, les créanciers qui n'avaient pas pris part à sa nomination n'avaient aucune action contre lui ; ils n'avaient qu'une action de gestion d'affaire ou *in factum* contre ceux qui l'avaient nommé, suivant que ces derniers avaient ou non connu leurs droits (4).

On pouvait nommer plusieurs curateurs. Si l'adminis-

1. Loi 5, D. *de cur. bon. dando*, XLII, 7.
2. Loi 2, § 3, *cod. tit.*
3. Loi 2, § 1, *cod. tit.*
4. Loi, 22. § 10, D. XVII, 1. Loi 5, D. XLII, 7.

tration restait indivise entre eux, ils étaient, chacun, tenus *in solidum* pour tout ce qui était fait soit par eux, soit sans eux (1).

Si l'administration était divisée, chacun n'était tenu que de ses propres actes.

Les envoyés en possession avaient toujours à rendre compte de leur gestion, qu'ils aient administré eux-mêmes ou par un curateur. Ces comptes se rendaient au débiteur, si son dessaisissement cessait, ou au *magister bonorum vendendorum*, chargé de procéder à la *venditio*.

Si les biens avaient été loués par le débiteur ou s'il avait vendu les récoltes, ces actes étaient respectés s'ils n'avaient pas été faits *in fraudem creditorum*.

Les créanciers devaient compte des fruits et de tout ce qu'ils avaient pu percevoir à raison de leur gestion (2). Ils étaient aussi responsables des détériorations qu'ils avaient pu causer (3). Par contre, on devait leur tenir compte des dépenses faites de bonne foi, même sans aucun profit pour les biens (4).

Les créanciers n'étaient tenus que de leur dol et de leur faute lourde. L'action relative aux comptes était une action *in factum, rei persecutoria*, perpétuelle et opposable aux héritiers. S'il y avait eu dol, il y avait lieu à l'action *de dolo*.

---

1. Le curateur nommé *invitus* n'était pas tenu *si nihil tetigit*, loi 2.
2. Loi 9, § 11, XLII, 5.
3. Loi 9, § 5, eod. tit.
4. Loi 9, § 2, eod. tit.

§ 2. *Effets de l'envoi en possession à l'égard du débiteur*

L'effet principal de la *missio in possessionem* à l'égard du débiteur était le dessaisissement. Le débiteur perdait la jouissance et l'administration de ses biens (1). Si le débiteur avait cependant accompli certains actes, après l'envoi en possession, au mépris des droits de ses créanciers, ces actes n'étaient pas nuls mais les créanciers pouvaient les faire tomber, grâce à l'interdit *fraudatoire* et à l'action Paulienne. Quant aux actes accomplis avant l'envoi en possession, les créanciers avaient encore le droit de les attaquer par l'action Paulienne si les conditions exigées pour l'exercice de cette action se trouvaient réunies. Il faut excepter de ces actes le paiement d'une dette exigible. En effet, le créancier, tout en connaissant l'insolvabilité du débiteur, ne commettait pas une fraude en ne recevant que ce qui lui était dû.

Quant à la *datio in solutum*, il y avait controverse.

L'envoi en possession avait encore un autre effet à l'égard du débiteur, il portait une assez forte atteinte à l'*existimatio*. Le débiteur devait désormais fournir la caution *judicatum solvi* dans toutes les actions où il était défendeur. C'était aussi pour lui un motif d'exclusion des fonctions municipales, ainsi que nous l'indique la table d'Héraclée (2).

1. Le pupille *indefensus* avait pourtant droit à des aliments sur les biens saisis, loi 133, D. XLII, 5.

2. Ces effets ne se produisaient pas, au cas où l'envoi en possession avait eu lieu contre un pupille.

Une certaine publicité devait être donnée à la *missio in possessionem*, en raison des effets qu'elle produisait, et des conséquences qui pouvaient en résulter pour les tiers. Cette publicité s'opérait au moyen d'affiches apposées *in celeberrimis locis* (1), l'ensemble de cette publicité s'appelait la *proscriptio*. Elle avait aussi pour but de prévenir les créanciers qui ignoraient la poursuite. Elle avait lieu même à l'occasion d'un envoi en possession purement conservatoire. La table d'Héraclée semble nous indiquer qu'il y avait *proscriptio* même quand il s'agissait de l'envoi en possession des biens d'un pupille ou d'une personne absente, *rei publicæ causa* (2).

SECTION VI.

Fin de l'envoi en possession.

Nous ne parlerons ici que des cas où le débiteur rentrait en possession de ses biens, et nous verrons plus loin la *missio in possessionem* finir pour laisser la place à une exécution proprement dite et définitive; la *venditio bonorum*.

Reprenons la distinction que nous avons faite plus haut pour savoir dans quels cas la *missio in possessionem* avait lieu, nous verrons, suivant la même distinction comment elle prenait fin.

Au cas d'une condamnation ou d'une *confessio in jure*,

1. Cicéron, *pro quintio*, XV.
2. Table d'Héraclée. 115-117.

l'exécution n'avait plus raison d'être, si le débiteur avait désintéressé les créanciers, ou encore si un tiers l'avait fait en son nom. On peut dire qu'il en était de même au cas de cession de biens. Il est vrai que dans les frag. 3 et 5 D. *de cess. bon.* XLII, 3 nous trouvons que l'envoi en possession cessera au cas de cession de biens si le débiteur « *paratus est se defendere* ». Mais il ne faut pas prendre ces expressions à la lettre, et il faut entendre *se defendere* dans le sens de l'offre faite aux créanciers d'un paiement, si non c'eût été autoriser le débiteur à revenir sur l'aveu de la dette qui résultait de la cession elle-même.

Si l'envoi en possession avait eu lieu pour cause d'insuffisance de défenses de la part du débiteur, il cessait, si l'on en détruisait la cause et si l'on venait se défendre.

Si par exemple l'envoi en possession avait eu lieu pour cause d'absence du débiteur, il pouvait le faire cesser en venant se défendre, ou en se faisant défendre par un tiers (1). Mais en venant se défendre, le débiteur qui avait été absent, ou le tiers qui se présentait pour lui, était tenu de fournir la caution *judicatum solvi* (2).

Cependant, si le débiteur avait été absent *rei publicæ causa cum dolo malo*, il ne lui suffisait pas de venir se défendre pour faire tomber l'envoi en possession, il de-

____

1. Il fallait cependant qu'il n'eût pas été condamné par contumace. loi 13, C. *de judicis*, III, 1.

2. Dans l'ancien droit, l'envoi en possession devait avoir duré quinze jours pour que le débiteur fût obligé de fournir caution. Cicéron, *pro quint.* ch. 8.

vait payer sa dette (1), si au contraire, il avait été absent *rei publicæ causa, sine dolo malo*, l'obligation de fournir la caution *judicatum solvi* paraît ne pas lui avoir été imposée.

Si l'envoi en possession avait été prononcé contre un pupille *indefensus*, il cessait quand le pupille sorti de la tutelle venait se défendre, il n'était pas obligé de fournir la caution *judicatum solvi*, mais les tiers qui pouvaient se présenter pour le défendre n'étaient pas dispensés de cette obligation (2). On peut croire que la même solution pouvait être donnée à l'égard d'autres incapables.

Au cas d'envoi en possession pour incertitude de savoir si la succession serait recueillie, cet envoi cessait devant la certitude acquise de l'existence et de l'acceptation d'un héritier.

L'envoi en possession pouvait encore prendre fin par la renonciation des créanciers à la possession qu'on leur avait accordée.

Si l'envoi en possession n'avait pas été régulièrement obtenu il y avait lieu à une demande en nullité.

1. Absent *reipublicæ causa cum dolo malo*, signifie que le débiteur aurait recherché cette mission dans le but de se soustraire aux poursuites de ses créanciers.

2. Loi 2 §§ 2, 5. D. *quib. ex caus.* XLII, 4.

CHAPITRE III.

DE LA VENDITIO BONORUM OU VENTE EN MASSE DES BIENS.

Nous avons étudié jusqu'ici les moyens préparatoires d'arriver à l'exécution sur les biens ; nous allons maintenant, avec la *venditio bonorum*, voir cette exécution proprement dite. Nous examinerons les cas dans lesquels la *venditio bonorum* peut avoir lieu, la procédure à suivre et enfin ses effets.

SECTION I.

Cas dans lesquels la venditio bonorum peut avoir lieu.

La *missio in possessionem* qui doit nécessairement précéder la *venditio bonorum*, ne l'entraîne pas toujours, aussi devons-nous rechercher les cas où cette *missio in possessionem* pourra être suivie d'une *venditio*.

Il ne saurait y avoir de doute après une condamnation, une *confessio in jure* ou une cession de biens, la vente est alors toujours possible (1) la question est au contraire plus délicate, au cas d'*indefensio*.

1. Gaius, com. III. § 78.

Si le débiteur est absent, l'envoi en possession peut toujours être obtenu, mais il faut faire des distinctions au sujet de la vente. Selon que l'absence du débiteur est une *latitatio* ou une absence pure et simple, la solution sera différente, l'Edit autorise formellement la vente du débiteur *qui latitat. Qui fraudationis causa latitavit, si boni viri arbitratu non defendetur, ejus bona possideri vendique jubebo* (1) mais la vente n'avait lieu que si les circonstances l'exigeaient (2).

Il faut de plus que *la latitatio* ait lieu avec une intention frauduleuse dirigée contre les créanciers, qu'on ait l'intention d'éviter leur rencontre (3).

Si le débiteur est absent, même sans intention de se cacher, il y a encore une distinction à faire selon qu'il y a eu ou non de sa part, promesse de comparaître en justice.

Si le débiteur avait promis de comparaître en justice et avait fourni un *vadimonium*, ses biens pouvaient être vendus, car en manquant de parole il a commis une sorte de fraude (4).

Si au contraire, il y a simplement absence, sans aucune promesse, il n'y a en général pas lieu à la vente (5) on pouvait déroger à cette règle si l'intérêt des créanciers l'exigeait impérieusement (6).

1. Loi 7, § 1. D. *quib. ex cau.* XLII, 4.
2. Fr. 21 § 2. D. *ex quib. caus. mag.* IV, 6.
3. Loi 7 § 13. D., *ib. ex caus.* XLII, 4.
4. Loi 2 et 6 § 1. D. *quib. ex caus.* XLII, 4.
5. Loi 21 § 2. D. *quib ex caus mag.* IV, 6.
6. Loi 7 § 11. D. *quib. et caus. in poss.* XLII, 4. il y a cependant

Les biens de celui qui refuse de se défendre pourront être vendus car il doit être assimilé à celui *qui latitat* (1).

Quant au pupille *indefensus*, il faut distinguer selon que la dette au sujet de laquelle les créanciers ont été envoyés en possession, est une dette personnelle au pupille ou lui est arrivée par succession.

Si c'est une dette personnelle ses biens ne peuvent être vendus tant qu'il est impubère. Si au contraire, la dette lui est arrivée par une succession recueillie par lui, les créanciers peuvent former une demande en séparation de patrimoines, ce qui leur permettra de se faire envoyer en possession des biens héréditaires et d'arriver à la vente de ces biens.

Pour le *furiosus* et le prodigue, la vente n'aura lieu que si l'intérêt des créanciers l'exige (2). De même aussi, probablement, pour le mineur de vingt-cinq ans.

Au cas d'une succession vacante, la vente pourra suivre immédiatement l'envoi en possession. S'il y a un héritier pur et simple la vente ne peut avoir lieu pendant les délais accordés à l'héritier pour délibérer. S'il y a eu une condition soit casuelle, soit potestative mise à l'institution, la vente est possible si la condition ne s'est pas accomplie dans un délai que feront fixer les créanciers (3).

certains cas, où la vente ne sera jamais possible avant le retour du débiteur, ce sont les cas où il est fait prisonnier par l'ennemi ou absent *rei publicæ causa sine dolo malo* loi 6 §§ 1, 2. D *quib. ex caus. in poss.* XLII, 4.

1. Loi 52. D. *de reg juris*, L. 17.
2. Loi 7, § 12, D. *Quib ex caus. in poss.*, XLII, 4.
3. Loi 4, D. *de reb. auct. jud.*, XLII, 5.

SECTION II

Procédure de la « venditio bonorum ».

Les détails relatifs à cette procédure nous sont fournis par Gaius, Com. III, § 79 et 80 et par Théophile, *de succes. sublatis.*

On ne pouvait procéder à la *venditio bonorum* aussitôt après avoir été envoyé en possession, il fallait attendre trente jours si le débiteur était vivant et quinze jours seulement s'il était mort (1). Cette différence de délai selon que le débiteur est vivant ou mort, s'explique par cette idée que tant que le débiteur est vivant on peut espérer qu'il s'efforcera d'éviter cette vente, il faut en tout cas lui laisser le temps d'essayer d'y échapper. Quand le débiteur est mort au contraire, et que personne ne s'est présenté, c'est l'intérêt seul des créanciers qui est en jeu et on comprend qu'on ne leur impose pas un aussi long délai.

A l'expiration de ce délai de trente ou quinze jours, les créanciers doivent s'adresser au préteur pour obtenir de lui l'autorisation de nommer un *magister*, choisi parmi eux, et chargé de faire le nécessaire pour arriver à la vente. Il est probable que le préteur ne laissait pas procéder à la vente sans une *causæ cognitio.*

____

1. Gaius, com., III, § 70.

On a voulu soutenir que le *magister* dont nous parlons ici ne différait pas du *curator* dont nous avons parlé au sujet de la *missio in possessionem*, et qu'il n'y avait jamais qu'une seule et même personne, un *magister*. On prétend que dans les Pandectes qui se rapportent à la *venditio bonorum*, il y aurait eu une altération et que le mot *magister* aurait été remplacé par *curator*. On se fonde principalement sur cet argument que Gaius et Théophile, parlent uniquement du *magister* et pas du tout du *curator*. Mais il faut remarquer que ces auteurs parlent seulement de la *venditio bonorum* et non de la *missio in possessionem*. Ils ne s'inquiètent pas des actes d'administration qui ont pu être nécessaires pendant la période de trente ou quinze jours qui précède l'envoi en possession et qu'ils considèrent comme écoulée.

Nous trouvons certaines différences entre le *curator* et le *magister*.

Le *curator* peut ne pas être un créancier, le *magister* est au contraire choisi parmi les créanciers ; le *curator* est nommé par le magistrat sur la présentation des créanciers et s'occupe exclusivement d'administrer, le *magister* est au contraire nommé directement par les créanciers sans l'intervention du magistrat et il est chargé de prendre toutes les dispositions pour la vente des biens.

Après la nomination du *magister*, Théophile nous parle de la *proscriptio bonorum*, mais nous avions déjà vu cette affiche, indiquée par Gaïus et Cicéron pendant la *missio in possessionem* (1), il est probable, ou que l'ordre à suivre était indifférent, ou plutôt qu'une *proscriptio* avait lieu après l'envoi en possession et une autre après la nomination du *magister*.

Voici la formule de cette *proscriptio* qui nous est rapportée par Théophile « *ille debitor noster in ea causa est ut bona ejus divendi debeant. Nos creditores patrimonium ejus distrahimus. Quicumque emere velit, adesto.* »

C'est probablement à ce moment de la procédure que se produisaient certaines demandes, incidents de la *venditio bonorum* tendant à empêcher de comprendre dans la masse à mettre en vente certaines valeurs (2).

Après un nouveau délai, « *paucis diebus elapsis* » dit Théophile, les créanciers s'adressaient encore au magistrat pour obtenir de lui l'autorisation de rédiger la *lex bonorum vendendorum*, ce que nous appellerions aujourd'hui le cahier des charges.

En voici en quelque sorte la formule « *ea quicunque emerit, creditoribus in dimidiam partem eorum quæ ipsis debentur respondere debet, sicut cui centum aurei debentur, accipiat quinquaginta, et cui ducenti, accipiat centum (3).* »

La *lex* indique le dividende que l'acheteur doit payer

1. Gaïus, Com., III, § 70. Cicéron, *pro* Quint. VI, XVIII, XXIII.

2. La femme du débiteur pouvait par exemple intenter une *vindicatio utilis* pour se faire attribuer les biens acquis par son mari avec l'argent qu'elle lui avait transmis par une donation révoquée par la suite. Loi 55, D., *de don. inter vir. et uxor*, XXIV, 1).

3. Théophile, *loc. cit.*

aux créanciers. C'est là ce qui constitue le prix, il est probable qu'elle comprenait aussi la désignation des biens à vendre et celle du montant et de la qualité des créances.

Les créanciers qui ne se faisaient pas inscrire alors étaient probablement forclos. Cette *lex bonorum vendendorum* était portée à la connaissance du public par des affiches supplémentaires.

La vente a enfin lieu après un délai de trente jours si le débiteur est vivant, de vingt jours, si le débiteur est mort. Quel est le point de départ de ce délai ? Gaïus paraît le faire courir de la nomination du *magister*, mais comme le texte présente ici une lacune on s'est demandé si ce n'est pas plutôt du jour de la *lex bonorum vendendorum*.

La vente avait-elle lieu aux enchères ? Il est probable que oui, d'après l'analogie avec la *sectio bonorum* « *de quo homine præconis vox prædicat*, dit Cicéron, *et pretium conficit* (1). »

C'est celui qui met l'enchère la plus élevée qui devient *emptor bonorum*. A offres égales, un créancier était préféré à toute autre personne; entre créanciers, la préférence était donné à celui dont la créance était la plus forte. Si parmi les acheteurs, il n'y avait pas de créancier, mais un parent du débiteur, ce parent l'emportait sur les étrangers (2).

1. Cicéron, *pro Quintio*, ch. 15.
2. Loi 10, D. *de reb. auth. jud.* XLII, 5.

Le prix consistait en général en un dividende à payer aux créanciers, parce que d'habitude, on n'arrivait à cette extrémité que si le débiteur était insolvable ; mais s'il arrivait que l'actif du débiteur dépassât le passif, la vente avait lieu pour un prix de..., et ce qui restait du prix après le paiement intégral des créanciers appartenait au débiteur. Paul, supposant la vente d'une succession dont s'est abstenu un pupille s'exprime ainsi : « *Prætor bona defuncti vendre permittit, ut quod superaverit pupillo restituatur* (1).

SECTION III.

Effet de la venditio bonorum.

Nous examinerons ces effets au point de vue des créanciers, au point de vue du débiteur et au point de vue du *bonorum emptor*.

§ 1. — *Effets au point de vue des créanciers.*

Les créanciers pouvaient exercer contre le *bonorum emptor* toutes les actions qu'ils auraient pu exercer contre leur débiteur, mais à titre seulement d'actions utiles. Les créanciers, pour agir contre le *bonorum emptor*, n'invoquaient pas le contrat formé avec lui au moment de l'adjudication, ils exerçaient leurs actions antérieures. Mais

1. L. 6, pr. *de reb. auct. jud.* XLII, 5.

la formule en était modifiée. Le *bonorum emptor* devait être considéré comme s'il était le véritable débiteur; si les créanciers ne réduisaient pas leur demande au montant du dividende promis par le *bonorum emptor* celui-ci pouvait les repousser au moyen de l'exception *doli mali* ou *pacti conventi*.

Il est probable aussi que les créanciers conservaient leurs actions contre le débiteur pour ce qui restait dû. Cela est certain pour les créanciers de celui qui a fait cession de biens (1), et on ne voit pas pourquoi le débiteur ordinaire serait mieux traité que celui qui a fait cession de biens. Cela résulte d'un texte de Gaïus ; *quorum bona venierint pro portione, si quid postea adquirant, etiam sæpius bona veniri soleant* (2). Il est vrai que ce texte paraît être contredit par le fr. 25 § 7. D. *quæ in fraud. credit.* XLII, 8. Le jurisconsulte Méla semble dire qu'aucune action ne devait être donnée *ex ante gesto*, contre le débiteur.

Ce qu'il y a de certain, c'est que les créanciers conservaient leurs actions contre le débiteur, mais que leur droit ne pouvait s'exercer qu'à certaines conditions. Le débiteur ne pouvait être poursuivi que si de nouveaux biens lui étaient advenus (3). Tant qu'il restait dans la situation où il se trouvait après la vente de son patrimoine, le préteur lui accordait une exception contre

1. Loi 1, C. *quid bon. ced. poss.* VII, 71.
2. Gaïus, com. II, § 155.
3. Const. 3, C. *de bonis auct. jud.* VII, 72. com. II. Gaïus § 155.

toute demande formée contre lui, ou même refusait de délivrer une formule d'action. C'est ce à quoi fait allusion le fr. 25 § 7, D. XLII, 8. Les créanciers ne pouvaient d'ailleurs poursuivre à nouveau le débiteur que si *facultates acquisitæ sunt quibus prætor moveri possit*. Si le débiteur n'avait rien acquis au delà de ce qui lui est nécessaire pour vivre, le magistrat n'aurait pas permis aux créanciers de le poursuivre (1). Au cas de cession de biens le créancier ne peut obtenir nouvelle condamnation contre le débiteur que *in quod facere potest*.

Nous venons de parler des créanciers chirographaires, quant aux créanciers privilégiés, ils avaient sans doute action pour le tout contre le *bonorum emptor*.

Les textes ne nous parlent pas des créanciers hypothécaires. On suppose en général que leurs droits demeuraient tels qu'ils étaient (2), les hypothèques étant occultes, c'était un grand danger pour le *bonorum emptor*.

§ 2 — *Effets de la* bonorum venditio *à l'égard du débiteur.*

A l'égard du débiteur, *la venditio bonorum* produit deux effets principaux : 1° elle le dépouille de tous droits sur les biens composant son patrimoine ; 2° elle lui fait en général encourir l'infamie.

1. Lois 6 et 7, D. *de cess. bon.* XLII, 3.
2. Bonjean, *des actions*, § 308.

Effets à l'égard du patrimoine.

Les biens du débiteur sont vendus comme si sa succession était ouverte et il est dessaisi de tous les droits actifs qui formaient l'ensemble de son patrimoine, sa personne juridique étant en quelque sorte transférée à l'acheteur, il ne peut plus exercer les actions nées en sa personne avant la vente ; *bonis per curatorem ex senatusconsulto distractis nullam actionem ex ante gesto fraudatori competere* (1). Ce texte ne s'applique pas à la *bonorum venditio*, il se rapporte à la *bonorum distractio* mais on peut en tirer un argument *a fortiori*. Mais la loi 40, D. de *oper. libert*, XXXVIII, se rapporte bien à la *venditio bonorum*, il résulte de ce texte que le patron dont les biens ont été vendus conserve bien pour l'avenir son droit aux *operæ* de son affranchi, mais qu'il n'aura pas d'action pour les services demandés avant la vente.

La *bonorum venditio* a-t-elle aussi pour effet de libérer le débiteur de ses obligations antérieures ? nous avons vu que non en examinant les *effets de la venditio bonorum* à l'égard des créanciers.

Effets à l'égard de la personne.

Nous avons dit que par suite de la *venditio bonorum* le débiteur était noté d'infamie, et c'était là une chose ex-

1. Fr. 4. D. *de cur. bon. dando*, XLII, 7.

trêmement redoutée des Romains *quod tantum evenire de-
decus*, nous dit Cicéron, *quæ tanta calamitas inveniri potest?... cujus bona venierunt ; cujus non modo illæ complis-
simæ fortunæ, sed etiam victus vestitusque necessarius sub
præcone cum dedecore subjectus est... huic acerbissimum vivo
videntique funus dicitur ; si funus id habendum sit, quo non
amici conveniunt ad exsequias cohonestandas, sed bonorum
emptores, ut carnifices, ad reliquias vitæ lacerandas et dis_
trahendas* (1).

Les Romains redoutaient à tel point cette infamie que
le maître insolvable instituait un esclave pour éviter à
sa propre mémoire l'affront d'une *bonorum venditio* faite
sous son nom. Certains jurisconsultes avaient protesté contre l'infamie qui frappait l'esclave, *heres necessarius*, mais
leur avis n'avait pas prévalu.

Celui qui faisait cession de biens évitait l'infamie (2)
il est probable que l'incapable non suffisamment défendu
en était aussi affranchi (3).

§ 3. — *Effets de la bonorum venditio à l'égard du bonorum
venditio emptor*

Le *bonorum emptor* pouvait être considéré comme le successeur universel de celui dont il avait acquis le patrimoine ; mais il n'était pas héritier, il n'était qu'*heredis*

1. *Pro quintio*, XV.
2. Loi. 11. C. *ex quib. inf. irrog.* II, 2.
3. Tambour.

loco, il était dans une situation analogue à celle du *bonorum possessor* à qui le droit prétorien déférait la succession, il recueillait tout l'actif et était responsable du passif. Mais il n'avait pas sur les biens qu'il recueillait le *dominium ex jure quiritium* et il ne pouvait l'obtenir que par l'usucapion (1). Il semble résulter d'un texte de Gaïus que dans un cas le *bonorum emptor* acquérait directement le *dominium jure quiritium*, mais le mauvais état du manuscrit n'a pas permis de reconnaître à quel cas Gaïus faisait allusion. Certains interprètes ont conjecturé que ce pourrait bien être le cas de cession de biens, parce que la cession de biens avait été consacrée par une loi.

Le délai nécessaire pour accomplir l'usucapion ne commençait, pour le *bonorum emptor*, que du jour de l'entrée en possession des biens.

Il nous faut examiner maintenant quels étaient les moyens accordés à ce *bonorum emptor* pour arriver à agir contre les personnes détenant une partie de l'actif qui lui appartenait grâce à la vente opérée.

Gaïus nous indique deux actions spéciales : l'action Rutilienne et l'action Servienne.

L'action Rutilienne, créée par le préteur Rutilius remontait à l'introduction de la *bonorum venditio*. Ce n'était pas une action fictice. C'était bien le nom du débiteur qui était écrit dans l'*intentio*. Mais il était remplacé dans la *condemnatio* par le nom de l'acheteur.

1. Gaïus, III, § 80.

Le juge reconnaissant l'existence d'une dette envers le débiteur exproprié, devait prononcer une condamnation en faveur de l'*emptor bonorum*.

L'action Servienne ne fut employée que plus tard. C'était une action fictice. C'était le nom de l'acheteur qui figurait et dans l'*intentio* et dans la *condemnatio*, mais, *ficto herede*. « Si A. Agerius L. Seii *heres esset* ; » il est probable que l'action Servienne était seule possible lorsque le débiteur était mort.

Au cas de revendication, le *bonorum emptor* pouvait employer l'action Publicienne, mais à la condition qu'il eût déjà possédé le fonds, il intentait alors l'action « *proprio nomine.* »

Il faut encore remarquer que le *bonorum emptor*, agissant contre un débiteur qui se trouvait en même temps créancier de celui dont les biens avaient été vendus, était tenu de subir la « *deductio* », c'est-à-dire de subir une compensation entre ce que ce débiteur devait et le dividende que lui-même s'était engagé à payer aux créanciers de celui dont il avait acheté les biens.

Il devait demander au préteur de mentionner dans la *condemnatio* de la formule le dividende que le défendeur avait le droit de réclamer comme créancier. C'était le *judex* qui opérait cette *deductio* (1).

---

1. Il y a une certaine analogie entre cette *deductio* et l'obligation imposée à l'*argentarius* d'opérer la compensation en actionnant une personne avec laquelle il était en compte. Mais l'*argentarius* devait faire la compensation lui-même et il y avait *plus petitio* si l'*intentio*

Le *bonorum emptor* n'avait pas d'action correspondant à la *possessoria hereditatis petitio*, mais il avait un interdit *possessorium* analogue à l'interdit *sectorium*, donné au *sector bonorum* et à l'interdit *quorum bonorum* donné au *bonorum possessor* (1).

C'était un interdit *adipiscendæ possessionis*. Grâce à lui le *bonorum emptor* pouvait se faire mettre en possession des choses corporelles comprises dans le patrimoine du débiteur, choses dont il n'avait jamais eu encore la possession.

Nous avons vu que le « *bonorum emptor* » était tenu des charges du patrimoine dans une certaine mesure, mais que les créanciers n'avaient contre lui que des actions utiles.

L'acheteur pouvait même se libérer de toute poursuite en payant son prix entre les mains du *magister*.

de la formule indiquait autre chose que ce qui lui était dû, défalcation faite de ce que lui-même devait à son client, de plus les deux dettes devaient être *ejusdem generis et natura* et exigibles. Le *bonorum emptor* n'a pas à craindre la *plus petitio*, car ce n'est pas lui qui doit opérer la compensation. Mais cette compensation a lieu quel que soit l'objet de la créance du défendeur même si elle n'est pas encore exigible, mais seulement dans les limites du dividende promis.

1. Gaïus, III, § 144-146.

APPENDICE

DE LA DISTRACTIO BONORUM

« *Cum extraordinariis judiciis posteritas usa est, ideo cum ipsis ordinariis judiciis etiam bonorum venditiones expiraverunt* » (1).

Voilà en quels termes les institutes de Justinien nous annoncent la disparition de la *venditio bonorum*. A l'époque de Justinien, la *venditio bonorum* avait disparu depuis environ deux siècles, à peu près en même temps que le système formulaire. Théophile nous dit, lui, que la *venditio bonorum* cessa d'être en usage en même temps que les *conventus*. Ces *conventus* étaient des espèces de sessions judiciaires que les gouverneurs des provinces allaient tenir successivement dans les diverses localités de leur ressort. Faut-il attribuer à la suppression de ces *conventus* la suppression de la *venditio bonorum* ? L'idée la plus générale est que la procédure de la *bonorum venditio*, en ce qui concernait le magistrat, était trop compliquée pour une époque où le magistrat ne se bornait plus à délibérer la formule mais devait statuer lui-même, sur toutes les affaires.

1. Inst. III, 12, p.

Il ne pouvait donc plus aller tenir ses *conventus* et il fallait un mode d'exécution ne nécessitant pas aussi souvent sa présence.

On peut penser aussi que les autres inconvénients de la vente en masse tels que l'incertitude du *bonorum emptor* à l'égard des créanciers hypothécaires et surtout l'infamie qu'elle entraînait pour le débiteur ne furent pas étrangers à sa disparition.

L'institution de la *bonorum distractio* qui vint prendre définitivement la place de la *bonorum venditio*, existait d'ailleurs concuremment avec elle lorsque le débiteur était une personne illustre à qui on voulait épargner l'infamie, « *ut honestius ex bonis ejus creditoribus solveretur* » (1).

La *bonorum distractio* portait sur les biens considérés isolément « *tantummodo creditoribus datur officio judicis bona possidere et, prout utile eis visum fuerit, ea disponere* » (2). Un envoi en possession la précédait mais ne comprenant que les biens suffisants pour satisfaire les créanciers.

La constitution 10, C. *de bon. auct. jud.*, VII, 72, nous indique que de même que pour l'envoi en possession au cas de *bonorum venditio*, si un créancier avait demandé l'envoi en possession, les autres pouvaient y participer et un délai de deux ou même quatre ans leur était accordé pour demander à se joindre aux autres créanciers. Il semble aussi résulter de ce texte, que la vente était différée jusqu'après ces délais.

1. Loi, 5. D. *De curat. fur.*, XXVII, 10.
2. Inst. Just. III, 12, p.

Un *curator* était nommé, chargé à la fois d'administr er et de vendre. Après la vente il distribuait le prix entre les créanciers. S'il y avait un excédent, il le déposait dans le trésor de l'église en prévision des créanciers qui pourraient encore se présenter, si non il le restituait au débiteur (1).

La grande différence qui existe entre la *bonorum venditio* et la *bonorum distractio*, c'est que dans la *bonorum distractio* chaque acheteur était un acquéreur ordinaire à titre particulier. Il ne devait que le prix de la vente sans avoir à répondre des obligations du débiteur, il devenait propriétaire *ex jure quiritium* si le débiteur l'était.

Le débiteur n'était pas noté d'infamie, cependant d'après la loi du 8 au Code *qui bon. ced. pos.* il y avait une certaine atteinte portée à l'*existimatio* du débiteur.

Le débiteur restait tenu pour tout ce qui n'était pas payé et il était incapable d'intenter une action *ex ante gesto*, si du moins tous les droits qu'avait le débiteur avaient été compris dans l'envoi en possession.

L'intervention du magistrat n'avait lieu qu'une seule fois pour autoriser la vente (2).

1. Loi 10, § 1, C. *de bon. auct. jud.*, VII, 72.
2. Loi 10, § 1, C. VII, 72.

DROIT FRANÇAIS

DES

CONFLITS DE LOIS EN MATIÈRE DE FAILLITE

INTRODUCTION.

Qu'est-ce qu'un conflit de lois ? C'est un état de fait qui se produit quand plusieurs lois ont des titres à régir, un rapport de droit donné. Il peut arriver par suite de circonstances particulières que deux lois différentes puissent être appliquées pour régler le même acte juridique.

Ainsi, par exemple, en matière de succession, un étranger meurt dans son pays laissant des immeubles situés en France. Sa loi nationale étendra ses dispositions à tous les biens composant sa succession, quelles que soient leur nature et leur situation. Mais d'autre part, l'article 3 de notre code civil nous dit que les immeubles même possédés par des étrangers sont régis par la loi française. De cette disposition peut naître un conflit de lois.

Combien nombreux surgissaient ces conflits quand la France divisée, morcelée, était soumise à un certain nombre de coutumes, souveraines sur leur territoire. Ceux là, le code civil les a fait disparaître, mais s'ils ne prennent plus naissance de la contrariété de deux lois françaises, ils deviennent chaque jour plus nombreux entre les différents Etats. Etudier ces conflits, les causes qui les ont fait naître, tenter de leur donner une solution, tel est le but du droit international privé. Malheureusement, il en est dont la solution sera impossible, les deux lois en présence s'étant formellement prononcées en sens contraire sur le même point. En matière de faillite, par exemple, la loi anglaise décide que : peut être déclaré en faillite en Angleterre tout individu, même étranger, ayant séjourné en Angleterre pendant l'année qui précède sa mise en faillite ; si cet individu est un Français, domicilié en France, le conflit sera indissoluble ; la loi française donnant expressément compétence, pour déclarer la faillite au tribunal du domicile (art. 59 c. pr.)

En toutes matières des conflits de lois peuvent se produire, mais ils sont surtout fréquents en matière commerciale. Des hommes de toute nationalité se trouvent constamment en rapport et la rapidité qu'exige le commerce ne permet pas de prévoir et de régler dans tous leurs détails les conséquences des affaires. Tant que le succès couronne leurs efforts, tant que les réglements se font à l'amiable, tout va bien ; mais qu'arrive la mauvaise fortune, enserrés dans des difficultés inextricables, que les commerçants se débattent en vain, qu'ils soient forcés de déposer leur bilan et de cesser leurs paiements, que la faillite enfin s'appesantisse sur eux avec toutes les conséquences qu'elle entraîne à sa suite, c'est alors que nous verrons s'élever les conflits d'autant plus nombreux qu'ils auront été moins prévus. Les intérêts très sérieux et opposés souvent, qui se trouvent en présence, leur donnent une acuité toute particulière. La pratique nous les présente sous des formes très variées et la loi qui peut-être ne les a pas prévus ne nous indique pas d'une façon précise la solution que nous devons leur donner. Tout, depuis le moment où le commerçant malheureux ou coupable est forcé d'avouer son incapacité ou son crime, jusqu'au moment où excusé par ses créanciers il obtient un concordat, ou déclaré banqueroutier il est condamné à des peines, tout est matière à conflit si ce commerçant — et cela est presque toujours ainsi — n'a pas arrêté ses opérations aux frontières de son pays.

Et pour nous en tenir à un point de vue essentiellement français, l'étranger qui viendra s'établir en France pour y faire des opérations commerciales, qui traitera avec nos nationaux, qui obtiendra peut-être) du crédit, qui conclura des marchés restés inexécutés, qui engloutira dans des spéculations frauduleuses des sommes à lui confiées en dépôt, qui entraînera à la ruine et peut-être au déshonneur des hommes attirés par l'appât d'un gain facile et rapide, pourra-t-il, sous le prétexte qu'il est étranger, échapper aux lois que le législateur, dans sa sagesse, a édictées pour protéger les créanciers trompés et les aider à sauver du naufrage quelques épaves ? Ne pourra-t-on pas citer cet homme devant des tribunaux fran-

çais? Les juges du pays où il a fait ses victimes ne seront-
il pas compétents pour connaître de ses malversations ?
Le fait qu'il est commerçant et qu'il a cessé ses paiements ne sera-t-il pas snffisant pour le faire déclarer
en faillite alors qu'il suffit, d'après la loi française pour
faire déclarer en faillite un de nos nationaux ? Sera-ce
sa loi personnelle que nous serons obligés de rechercher
et d'appliquer ? Et si cette loi n'admet pas la faillite devrons-nous nous incliner et lui permettre de faire encore
d'autre dupes ? Mais que cet individu actionné devant
nos tribunaux vienne prétendre qu'il est sous le coup
d'une faillite déclarée dans son pays, nous voilà dans un
bien autre embarras ; nous nous trouvons en présence
d'un fait accompli qui entraîne bien des conséquences ;
le déssaisissement, les pouvoirs donnés au syndic, la cessation des poursuites individuelles, le concordat, toutes
choses grosses de difficultés alors que c'est à un étranger
qu'elles s'appliquent, que cet étranger a fait des opérations commerciales en France, qu'il y a des biens, qu'il
y a des créanciers. Ces créanciers ont su qu'il avait des
biens en France, ils ont dû les considérer comme une
partie du gage de leur débiteur. Peut-être même ces
biens ont-ils été la cause déterminante de leur engagement.

Qu'ils aient su ou non la faillite à l'étranger, ils ont
considéré comme une garantie suffisante ce que possé-
dait en France l'homme avec lequel ils ont traité. Pourra-
t-il opposer une fin de non-recevoir à leurs poursuites?

Pourra-t-il venir dire à la barre du tribunal : J'ai été déclaré en faillite, tous mes biens appartiennent à la masse de mes créanciers, joignez-vous à cette masse et vous obtiendrez un paiement au prorata de votre créance. Cet homme a été déclaré en faillite, c'est vrai, la faillite est organisée dans presque toutes les législations dans le but de faire régner l'égalité entre les divers créanciers qui ont pour gage tous les biens de leur débiteur, mais cette faillite a été déclarée à l'étranger. Il est poursuivi en France, et de droit commun, tout créancier a le droit de poursuivre son débiteur, d'obtenir contre lui condamnation, de prendre hypothèque sur ses biens pour assurer l'exécution du dit jugement, de faire saisir et vendre ces mêmes biens pour arriver à se faire payer.

Que va faire le tribunal entre cet homme qui invoque la faillite prononcée contre lui dans son pays et cet autre qui agit en vertu d'un titre de créance parfaitement valable ? Sur quels principe va-t-il s'appuyer pour rendre sa décision ? Ou bien encore cet étranger a fait un acte juridique en France, il a vendu un immeuble, ou concédé une remise de dettes, le syndic de la faillite déclarée à l'étranger vient agir en France et demander la nullité de ces actes. Il vient au nom de la masse des créanciers contester au débiteur failli le droit de gérer lui-même son patrimoine, il vient demander aux tribunaux français de reconnaître sa qualité de syndic et toutes les conséquences attachées à cette qualité.

Il vent mtetre la main sur tous les biens que possède

en France le débiteur failli, il prétend les réunir à la masse formé dans le pays où la faillite a été prononcée et en faire lui-même la distributions égale entre les divers créanciers. Il demande qu'on lui reconnaisse le droit de se substituer au failli dans tous les instances où celui-ci peut être partie ; il demande en un mot au nom d'une faillite étrangère, à venir exercer en France, les pouvoirs attachés à la qualité de syndic par la loi étrangère. Peut-être même va-t-il demander au tribunal français de prononcer la nullité d'actes passés en France par le commerçant étranger avant que la dite faillite ait été prononcée si la loi étrangère, analogue en cela à la nôtre (1), admet l'annulation de certains actes faits pendant une période dite suspecte. Double conflit, ici. Il ne s'agira plus seulement de savoir si l'on doit reconnaître à celui qui n'en prévaut la qualité de syndic qui lui est attribuée par jugement étranger. Il ne sagit plus d'autoriser cet homme, en vertu de cette qualité, à prendre telle mesure conservatoire qu'il jugera nécessaire. Il nous demande plus. Il nous demande d'anéantir un acte inattaquable quant à présent d'après la loi française. L'acte incriminé a été régulièrement fait en France, au moment où il a été fait ; il est encore régulier aux yeux de notre loi au moment où la nullité en est demandée ; mais depuis le moment où cet acte a été passé, son auteur a été déclaré en faillite dans son pays d'origine et la loi de cette

1. Art. 446, 447, du code de commerce.

faillite exige ou admet l'annulation de cet acte. Le droit international veut-il que nos tribunaux prononcent cette nullité ? Peut-être d'ailleurs ce commerçant qui a fait de mauvaises affaires dans son pays n'a-t-il pas été plus heureux en France, peut-être a-t-il essayé sans y parvenir de rétablir sa fortune ébranlée, et las de lutter, peut-être a-t-il laissé un créancier français demander sa mise en faillite, ou l'a-t-il demandée lui-même au tribunal. Ses créanciers espèrent recueillir une partie de ce qui leur est dû et se préparent à faire valoir leurs droits devant le tribunal français. Le syndic étranger pourra-t-il venir s'opposer à la faillite et prétendre que ce commerçant, déjà sous le coup d'une faillite, ne peut en subir une seconde concomitante à la première. Pourra-t-il forcer les créanciers français à venir débattre leurs droits devant les tribunaux étrangers, et le fait que des créanciers étrangers ont pris les devants et ont fait déclarer en faillite leur débiteur dans son pays d'origine, au lieu où il avait fait les opérations qui pouvaient entraîner cette faillite, devra-t-il empêcher les créanciers français d'user d'un droit que leur reconnaît la loi française à certaines conditions, alors que ces conditions sont remplies ?

Même si les créanciers français ont admis la faillite prononcée à l'étranger, il peut naître encore des difficultés. Il peut arriver que la loi étrangère admette des solutions inconnues à notre loi française, qu'elle accorde au failli par exemple, un sursis de paiement comme la

loi Belge ou *un order of discharge* comme la loi anglaise.
Quelle valeur ces solutions auront-elles en France ?
Devra-t-on les admettre, et pourra-t-on même les admettre ? le concordat lui-même, voté par les créanciers
étrangers, n'est pas sans contestations opposable à tous
les créanciers français. On peut se demander si les créanciers français qui ont pris part au vote et se sont
prononcés contre le concordat sont tenus de le subir. On
peut se demander aussi qu'elle valeur il peut avoir a l'é-
gard de ceux qui n'ont même pas pris part au vote. Ce
fait que le jugement déclaratif de faillite aura été rendu
exécutoire en France suffira-t-il pour que de plein droit
le concordat soit valable à l'égard de tous ? Faudra-t-il
exiger l'exequatur du jugement qui homologue le concordat ? Ce jugement pourra-t-il même être rendu exécutoire ?

La faillite étrangère pourra-t-elle avoir un effet quelconque en France au point de vue des sûretés réelles et de privilèges ? Si la loi étrangère admet comme la loi française
une hypothèque générale au profit de la masse sur les
biens du débiteur failli, le syndic de la faillite étrangère
pourra-t-il inscrire cette hypothèque sur les biens du
débiteur situés en France ? Les restrictions apportées
à l'hypothèque légale de la femme française en cas de
faillite de son mari commerçant s'appliqueront-elles à la
femme étrangère qui aurait hypothèque sur les biens
de son mari situés en France ? Les créanciers étrangers
pourront-ils faire vendre en France un bien de leur dé-

biteur tombé en faillite, qui leur est hypothéqué, si la
dette en faveur de laquelle cette hypothèque a été
concédée n'est pas encore échue ? Les privilèges accordés
par la loi des faillites étrangères pourront-ils s'exercer en
France ? Nous n'essayerons pas d'énumérer tous les conflits qui peuvent s'élever au sujet d'une faillite déclarée
à l'étranger. Tout est difficulté dès l'instant qu'il s'agit
de transporter d'un pays dans un autre une situation telle
que la faillite capable d'entraîner des conséquences fort
graves pour un grand nombre de personnes. Tant d'intérêts particuliers sont en jeu qu'il sera souvent bien délicat
pour le juge de retrouver les vrais principes du droit au
milieu des luttes engagées par chacun pour faire triom-
pher sa propre cause. Des deux côtés de la barre chacun
des adversaires plaidera sa cause avec d'autant plus d'a-
charnement et d'éloquence, qu'à ne regarder que l'une
ou l'autre loi, tous deux auraient raison et qu'il n'est pas
aisé de persuader à quelqu'un que l'équité doit quelquefois céder devant le droit. Mais si la diversité des lois des
différents peuples fait n'attre souvent des conflits, si
nous ne pouvons nous résoudre à voir appliquer à la
faillite des dispositions que nous n'avons pas édictées et
qui sont peut-être en contradiction avec les principes
admis par notre législation, il faut pourtant se garder
de croire que ce soit là la seule cause propre à donner
naissance à ces difficultés que nous avons vu s'élever en
si grand nombre. Il se peut fort bien qu'entre deux
pays régis par une législation analogue, l'accord ne se

fasse pas davantage. C'est qu'il est une cause dont il ne faut pas tenir un compte moindre que de la diversité des lois. Il ne suffit pas que le jugement étranger, déclarant une faillite, l'ait déclarée d'après des principes semblables aux nôtres et à des conditions sensiblement équivalentes à celles exigées par notre code de commerce, il faut encore savoir si une sentence étrangère peut avoir une autorité quelconque hors des limites du territoire où elle a été rendue et à quelles conditions cette autorité lui est reconnue chez nous. A quoi sert de venir opposer devant nos tribunaux une déclaration de faillite si nous considérons comme inexistant le jugement qui l'a prononcée. C'est vainement alors que l'on tenterait de faire prévaloir un fait qui aurait pour base un jugement rendu à l'étranger. Suivant le parti que l'on prend dans cette question délicate, suivant que l'on accorde, ou que l'on refuse l'autorité de la chose jugée aux jugements rendus par des tribunaux étrangers, suivant que l'on reconnaît *de plano* cette autorité ou que l'on exige pour cela certaines conditions, les solutions à donner à ces conflits sont toutes différentes, à tel point qu'un auteur, étudiant ces conflits de lois et forcé par cela même de se prononcer sur l'autorité à accorder aux jugements étrangers a pu dire :

Peut-être le sujet spécial que nous traitons, le désir de venir en aide au commerce en lui rendant plus faciles, plus économique, plus expéditives les opérations auxquelles il peut donner naissance, nous ont-ils entraîné à appli-

quer aux décisions rendues dans l'ordre civil ce qui nous
paraît nécessaire pour les jugements rendus en matière
de commerce (1), et un autre auteur s'occupant de la même
question et décidant d'ailleurs en sens contraire de celui
que nous venons de citer, déclare que ce sont précisément les inconvénients et les dangers auxquels conduirait
inévitablement l'application du système adverse, à la
faillite qui l'ont fortifié dans la conviction que la solution
qu'il adopte est la seule légale, la seule rationnelle en
même temps que la moins dangereuse (2). Faux point
de vue, nous semble-t-il, auquel se sont placés ces auteurs qui, cherchant avant tout à faire prévaloir leur
opinion au sujet de la solution à donner aux conflits en
matière de faillite, se font de cette solution un argument
pour trancher la question de l'autorité de la chose jugée,
alors au contraire que c'est de la solution donnée à cette
question de l'autorité des jugements étrangers en France,
tirés des vrais principes que doit dépendre en grande
partie la théorie à établir pour résoudre ces conflits de
lois. On ne saurait faire dire aux textes et aux principes
de droit ce que l'on désire pour pouvoir ensuite bâtir une
théorie telle qu'on la veut, il faut que cette théorie puisse
être solidement étayée. Ce sont les fondements qui servent de base à un édifice et non pas l'édifice qui doit
soutenir les fondements.

1. Simon, *la faillite d'après le droit international.*
2. Stelian, *la faillite.*

Nous avons l'intention dans cette étude, en nous plaçant à un point de vue essentiellement français, de rechercher les solutions que la législation positive actuelle de notre pays permet de donner à la plupart de ces conflits.

Nous examinerons deux questions générales qui comprendront toutes les autres :

1° Un commerçant étranger qui fait des affaires en France peut-il y être déclaré en faillite, et sans qu'on ait à tenir compte de sa situation commerciale dans son pays.

2° Une faillite a été déclarée à l'étranger, quels sont les effets qu'elle produira en France ? Mais avant d'aborder cette seconde question, il nous faudra abandonner quelque peu le sujet de la faillite et résoudre une controverse dont la solution domine notre étude sur la faillite ; il nous faudra prendre parti sur l'autorité à accorder à la chose jugée à l'étranger. Nous serons forcé de consacrer à cette matière un peu plus de place que notre sujet ne semble au premier abord le comporter, mais le parti que l'on prend sur ces questions a une telle importance pour la solution des conflits en matière de faillite, que nous désirons établir bien nettement les principes.

Après avoir indiqué les solutions qui nous paraissent devoir s'imposer en l'état actuel de notre législation, et avoir mentionné celles de la pratique, nous nous proposons de passer en revue les diverses théories des auteurs.

Nous terminerons en disant ce qui nous paraîtrait désirable au point de vue législatif.

CHAPITRE I.

LES ÉTRANGERS POURRONT-ILS ÊTRE DÉCLARÉS EN FAILLITE EN FRANCE ?

La première idée qui vient à l'esprit, ou qui du moins peut y venir en ordre logique lorsqu'on s'occupe de la faillite est celle-ci : Qui peut être déclaré en faillite en France ? A cela l'article 436 du code de commerce paraît nous répondre très-clairement : tout commerçant qui cesse ses paiements peut être déclaré en faillite ; mais malgré ses termes généraux, cet article n'empêche pas de poser une question implicitement d'ailleurs contenue dans la première : les étrangers peuvent-ils être mis en faillite en France ? C'est le seul point où il puisse y avoir difficulté en la matière.

Il faut tout d'abord distinguer entre les cas où :

1º l'étranger a été autorisé à établir son domicile en France (art. 13 c. civ).

2º Il y a une simple résidence.

3º Il n'a en France aucun domicile ni résidence, il a simplement fait en France des affaires avec les Français.

Dans le premier cas, c'est-à-dire lorsque l'étranger a été autorisé par le gouvernement à établir son domicile en France, il est à peu près reconnu par tous qu'il peut être déclaré en faillite. Quelles pourraient être les raisons de traiter l'étranger commerçant, établi en France, autrement que le Français ? Il est commerçant en état de cessation de paiement, comment ne constaterait-on pas cet état par un jugement. C'est là une mesure de protection que la loi a jugée bonne à appliquer entre Français. C'est un moyen offert aux créanciers et au débiteur lui-même de mettre de l'ordre dans leurs affaires. Il y a une nécessité à faire constater par la justice, l'état de cessation de paiement pour pouvoir créer une stricte égalité entre les diverses personnes ayant traité avec le commerçant, qui n'est plus en mesure de satisfaire à ses obligations. Seule l'autorité judiciaire peut imposer à ce commerçant toutes les mesures qui par leur ensemble forment *l'état de faillite.* Pourquoi ces mesures reconnues utiles vis-à-vis de Français le seraient-elles moins vis-à-vis d'étrangers ? Le motif qui a fait instituer la faillite n'est certainement pas un motif de faveur à l'égard des débiteurs, mais bien plutôt un motif d'intérêt en faveur des créanciers ; il est tout-à-fait équitable que si des Français ont le droit d'obtenir des mesures de ce genre contre des Français, ils aient à plus forte raison le droit d'obtenir dans les mêmes conditions, les mêmes mesures contre des étrangers faisant le commerce en France. Le législateur qui a voulu couvrir de sa protection les créanciers des commerçants français n'a pu vouloir leur retirer cette protection vis-à-vis des étrangers établis en France. Il est au contraire dans la nature des choses de chercher à se garantir contre des étrangers encore plus que contre des nationaux (1). Mais nous irons encore plus loin, et avec la jurisprudence nous n'hésiterons pas à dire que si les étrangers peuvent être déclarés en faillite en France, c'est que la loi sur la faillite est une loi de police et de sûreté et que les lois de police et de sûreté touchant l'ordre public obligent toutes les personnes habitant le territoire Français (2).

C'est par application de l'article 3 du code civil, dit M. Bonfils (3), que les tribunaux français sont forcément compétents pour déclarer l'état de faillite d'un étranger, soit que la déclaration intervienne sur la demande du failli lui-même ou sur celle de ses créanciers ou qu'elle soit prononcée d'office par le tribunal. Cette déclaration de faillite est aussi un acte conservatoire. Vainement dirait-on, comme le demandeur en cassation sur l'arrêt du 24 novembre 1857, que la faillite fait partie du droit civil, du droit propre à la nation et non du droit naturel ; qu'elle est une création arbitraire de la loi positive, que par suite l'étranger ne peut aspirer à l'état de failli que dans la mesure de la réciprocité

1. Lyon-Caen. Sbellian.

2. Article 3 du code civil § 1. Cass. 24 nov, 1857. D. 58. 1. 85. Paris 23 novembre 1874 Journal de droit international privé, année 1875, p. 434. Paris 20 mai 1878 J. de dr. int. pr. 1878, p. 375. Massé. t. 1, n° 504.

3. Compétence des tribunaux Français à l'égard des étrangers, n° 204 bis.

diplomatique ou dont il ne peut jouir qu'en établissant
en France son domicile avec l'autorisation du gouvernement (article 11 et 13 du code civil). Avec la cour suprême
nous répondrions victorieusement à cette argumentation
en disant : « que la loi qui impose principalement au
commerçant failli l'obligation d'assurer cette constatation
(celle de la cessation des paiements) par sa déclaration
personnelle de la cessation de ses paiements, lui inflige
des peines soit à raison de l'inobservation de ce devoir,
soit à raison de certains faits consommés pendant sa
gestion commerciale ; qu'elle a ainsi le caractère d'une
loi de police obligeant tous ceux qui habitent le territoire
Français ».

L'article 437 du code de commerce, a dit la cour de
Paris le 23 novembre 1874, dispose que tout commerçant qui cesse ses paiements est en état de faillite. Dans
leur généralité, ces expressions « tout commerçant, »
embrassent les étrangers faisant le commerce en France
tout aussi bien que les commerçants regnicoles. Il ne
saurait en être autrement. En effet, l'état de faillite affecte
l'ordre public. Si les commerçants n'accomplissent pas
les obligations que cet état leur impose, ils commettent
un délit, et par suite la législation sur les faillites présente les caractères d'une loi de police obligeant tous
ceux qui habitent le territoire français.

Ce serait une erreur de croire qu'une loi ne peut avoir
la qualité de loi de police et de sûreté que si elle a pour
objet la répression. Les tentatives criminelles ne sont

pas seules à mettre en péril la sûreté de l'état, et si toutes les lois qui assurent le châtiment des crimes sont lois de police et de sûreté, elles n'ont pas seules ce privilège. Maintenir le bon ordre dans les relations commerciales des citoyens entre eux, favoriser par là l'essor du commerce qui est un des éléments les plus considérables de la grandeur d'un Etat, veiller sur les opérations des commerçants qui doivent être entourées de la plus entière bonne foi, favoriser les mouvements de valeurs en rassurant ceux qui les opèrent, tels sont les principaux buts auxquels tend la loi sur les faillites, et c'est assez pour lui reconnaître ce caractère de loi de police et de sûreté.

L'intérêt privé cède ici le pas à l'intérêt public et le droit donné au commerçant au-dessous de ses affaires, de suspendre ses paiements, de faire déclarer cette cessation de paiements par un tribunal, le droit de retirer à chaque créancier la faculté de le poursuivre et d'empêcher le plus diligent de se faire payer à l'exclusion des autres, montrent bien que c'est dans un intérêt général que l'institution de la faillite à été créée. Et lorsqu'une loi a pour but de sauvegarder la masse des citoyens en vue de l'équilibre et du développement de l'Etat, n'est-ce pas là une loi de police? Aussi ne saurions-nous admettre l'opinion de notre savant maître M. Weiss (1), alors qu'il dénie en ces termes le caractère de

1. Quelques mots sur la faillite des commerçants. Annales du droit comm. 1888 n° 2.

lois de police et de sûreté aux lois qui organisent la faillite : « Qu'il en soit ainsi de quelques mesures repressives dirigées contre la fraude, spécialement en cas de banqueroute, nous l'admettons volontiers : elles ont un caractère pénal et sont par suite liées à l'ordre public international, qui réclame au nom de la société le châtiment de tout acte délictueux, quel qu'en soit l'auteur. Mais si le débiteur a été plus malheureux que coupable, si ses créanciers sont, comme lui, les ressortissants d'un Etat étranger, le pays de sa résidence n'a pas d'intérêt direct à sa mise en faillite. » Nous ferons encore observer, à l'encontre de M. Weiss, qu'il y a bien des probabilités pour que les créanciers d'un étranger qui s'est établi en France pour y faire le commerce soient surtout des Français et non pas des étrangers. Nous avons d'ailleurs assez insisté sur le sens que nous donnions aux lois de police et de sûreté pour ne pas y revenir ici, mais nous ne saurions laisser passer sans protester la conclusion que M. Weiss tire du système que nous soutenons : « Le système que nous repoussons, écrit M. Weiss, conduit à dire qu'une faillite ne peut produire aucun effet, de quelque nature qu'il soit, en dehors du territoire où elle a été organisée : l'intérêt de l'Etat qu'il lui assigne pour base, s'arrête nécessairement aux frontières et n'a aucun droit à la protection des autorités étrangères; le jugement déclaratif ne peut même en recevoir la force exécutoire; ce serait en effet reconnaître son existence ; on n'éxécute que ce qui est. »

Nous ne voyons pas pour quelle raison, on ne pourrait dans ce cas accorder l'exequatur au jugement declaratif de faillite. Si un créancier demandait cet exequatur à un tribunal français c'est qu'il y aurait un intérêt, et le jugement déclaratif étant, comme nous nous proposons de le demontrer plus tard, analogue à tout autre jugement, nous ne pouvons comprendre pour quel motif l'exequatur ne pourrait même pas être demandé. De ce qu'une loi intéresse à la fois l'Etat et les particuliers, on ne saurait conclure qu'un jugement rendu en vertu de cette loi ne pourrait être rendu exécutoire à l'étranger.

« Rien dans la législation française, dit encore M. Weiss, ne s'oppose donc à la mise en faillite d'un débiteur étranger. Mais ce point une fois acquis, c'est à la loi personnelle de ce dernier qu'il appartient exclusivement de dire si elle peut, si elle doit être déclarée. Cette loi personnelle ignore-t-elle l'institution de la faillite, l'étranger restera en principe placé chez nous à la tête de son patrimoine, exposé aux poursuites individuelles de ses créanciers ; d'autre part, pour que sa faillite puisse être régulièrement et valablement prononcée en France, il ne suffit pas que la loi étrangère à laquelle ressortit l'insolvable en ait adopté le principe, il faut encore qu'il réponde aux conditions auxquelles cette loi la subordonne ».

Ainsi deux restrictions apportées au droit de déclarer en France l'étranger en faillite : 1° que la loi personnelle de cet étranger admette la faillite ; 2° qu'il remplisse les conditions exigées par cette loi personnelle pour la déclaration de faillite.

Devons-nous admettre ces restrictions ? Elles sont en contradiction absolue avec le caractère de loi de police et de sûreté que nous avons reconnu à la loi sur la faillite. Dès l'instant que nous considérons la faillite comme important à la sûreté de l'Etat, alors que les conditions qui entraînent la faillite en France sont réunies, il faut que cette faillite soit prononcée. Ce sont les conditions de la faillite française qui doivent être prises en considération et non pas celles de la faillite étrangère.

Doit-on s'occuper de ce que permettent les autres Etats alors qu'il s'agit de la sûreté de l'Etat français ? Il importe peu que la nation à laquelle appartient l'étranger admette au non le faillite, il importe peu de savoir les conditions auxquelles elle l'admet pour décider si cet étranger doit être déclaré en faillite. Il est en France, il est commerçant en France, il doit subir la loi des commerçants. Qu'il cesse ses paiements, cela suffit ; il pourra être déclaré en faillite, et la jurisprudence l'a parfaitement compris quand la Cour d'Aix a déclaré, le 3 avril 1884, qu'une société étrangère formée pour acheter et revendre des terrains et des immeubles avait le caractère commercial et pouvait être déclarée en faillite, bien que ses statuts et la loi d'après laquelle elle a été formée, lui donnent la nature civile.(1) De même la Cour de cassation a

____

1. Aix 3 avril 1884, Journal du dr. int. privé, 1886, p. 81

jugé le 4 février 1885, que le commerçant étranger qui ferait des opérations en France sans y acquérir cette qualité ne pourrait être mis en faillite par nos tribunaux (1).

Pour quel motif d'ailleurs devrait-on se reporter à la loi nationale de l'étranger pour savoir s'il peut ou non être déclaré en faillite ? Sommes-nous donc ici en présence d'une question d'Etat ou de capacité pour lesquelles il est vrai, leur statut personnel suit les étrangers même en France ? On ne saurait raisonnablement le prétendre, c'est le moindre effet de la faillite d'affecter l'Etat et la capacité de la personne qu'elle frappe.

Nous ne voulons pas discuter ici toutes les conséquences bizarres auxquelles donnerait lieu cette théorie de la faillite considérée comme une question d'Etat, nous y reviendrons plus tard. Qu'il nous suffise de dire que nous ne pouvons y souscrire, les effets de la faillite par rapport aux biens du débiteur et de ses créanciers étant pour le moins d'une importance égale à ceux qui touchent sa personne. Que devraient répondre nos tribunaux, d'après les partisans du système qui veut régler la faillite des étrangers en France d'après leur loi personnelle si un étranger non commerçant, mais originaire d'un pays où la mise en faillite des non commerçants est admise, venait leur demander de le déclarer en faillite ? Ils n'auraient logiquement qu'une seule chose à faire, c'est de déclarer cette faillite, puisque, nous l'admettons, les étrangers

1. Cass. 4 février 1885, Sir. 1886, 1, 200.

peuvent être déclarés en faillite en France et doivent l'ê-
tre, d'après nos adversaires, suivant les règles de leur loi
personnelle. La demande de cet étranger rentrerait donc
strictement dans les termes de ce qu'ils soutiennent. Et cependant, cette solution ne choquerait-elle pas toutes les
règles du droit telles que nous les concevons ? Serait-il
admissible que cet étranger pût se trouver dans notre
pays dans une situation exceptionnelle et, non commerçant, jouir des avantages qui en France ne sont accordés
qu'aux commerçants ? Tant qu'une mesure telle que celle
de la faillite des non commerçants n'est pas adoptée dans
un pays, c'est qu'en droit tout au moins cette mesure
n'est pas bonne ; il n'est donc pas possible que dans ces
conditions, alors qu'elle n'est pas admise chez lui, un état
puisse être forcé de l'appliquer.

Supposons au contraire que la loi personnelle de l'é-
tranger exige pour sa déclaration en faillite d'autres conditions que la loi française, nos tribunaux, toujours dans
la théorie contraire à celle que nous soutenons, se trouveront dans l'impossibilité de prononcer une faillite demandée par des créanciers français et pourtant ces créanciers auront peut-être les plus justes raisons de craindre
que le peu d'actif qui reste à leur débiteur soit frauduleusement dissipé. Ce serait sous un vain prétexte de cour-
toisie internationale bien mal protéger les intérêts de nos
nationaux.

On a soulevé la question de savoir si un étranger pourrait faire prononcer la faillite d'un autre étranger établi

en France et y faisant le commerce. Cela n'est pas douteux et la cour de Paris a parfaitement répondu le 20 mai 1878 en disant : « La loi qui régit les faillites est une loi d'ordre public et de police du commerce qui doit atteindre tous ceux qui habitent le territoire français. En conséquence, s'il est admis que les tribunaux ne peuvent connaître des contestations entre étrangers quand le défendeur dénie la compétence, ce principe, limité dans son application aux litiges ordinaires, laisse subsister le droit pour les tribunaux français de connaître de la demande en déclaration de faillite formée par un étranger commerçant en France. L'article 437 du Code de commerce déclarant en faillite tout commerçant qui cesse ses paiements, ne comporte à raison de la généralité de ses termes aucune distinction entre les Français et les étrangers. Par suite, même en l'absence de créanciers Français et à la demande d'un seul ou de plusieurs créanciers étrangers, la cessation de paiements d'un étranger doit avoir pour conséquence légale la déclaration de faillite ».

La question de savoir si un étranger peut être déclaré en faillite en France, à peu près universellement résolue dans le sens de l'affirmative quand cet étranger a été autorisé à établir son domicile en France dans les termes de l'article 13 du Code civil, se pose lorsque cet étranger n'a en France qu'une simple résidence. Ici encore nous déciderons sans hésitation que la même solution doit être admise et que nos tribunaux pourront parfaitement déclarer la faillite d'un étranger, bien que cet étranger n'ait pas en France son domicile légal. Mais tout le monde n'est pas d'accord et la solution que nous proposons et que nous croyons devoir été adoptée est combattue par bien des auteurs (1).

D'où vient donc la difficulté et quelles peuvent être les raisons de douter ?

On a prétendu que le seul tribunal compétent pour déclarer une faillite était le tribunal du domicile du failli (2), qu'en fait le domicile était l'endroit où le commerçant avait son principal établissement et que par conséquent seul le tribunal du lieu où le commmerçant aurait son principal établissement serait compétent pour déclarer le commerçant en faillite. « Si l'on s'écartait de ce principe, dit M. Dubois, on arriverait à des résultats inadmissibles. En effet, ou bien il faudrait dire que la compétence du tribunal français de la résidence l'emporte sur celle du tribunal étranger du domicile, ce qui serait le renversement de toutes les règles reçues, ou bien il faudrait reconnaître à la fois la compétence du tribunal Français de la résidence et celle du tribunal étranger du domicile ». Pour les partisans de ce système, jamais l'étranger qui n'aurait pas en France son domicile, ne pourrait être déclaré en faillite par nos tribunaux. Ils est vrai qu'ils sont tout de suite obligés de faire une restriction : ils ne prétendent pas que pour être déclaré en

1. Carle, *la faillite en droit international privé*. Dubois sur Carle, note 50.
2. Dubois sur Carle, *loc. cit.*

faillite en France l'étranger devra avoir eu l'autorisation d'établir son domicile dans les termes de l'article 13 du Code civil. Le domicile de fait leur suffit, ils n'exigent pas le domicile de droit, et ils accordent que les tribunaux auront toujours la faculté de rechercher si ce domicile de fait est ou non en France, c'est-à-dire, si l'étranger y a ou non son principal établissement. Ils accordent par exemple que pour une société, alors même que ses statuts ont fixé son siège social à l'étanger, les tribunaux français à qui on viendra demander de la déclarer en faillite pourront rechercher si par l'importance de ses affaires en France, par l'établissement qu'elle y occupe, par les créanciers qu'elle y a, cette société que ses statuts ont fixée à l'étranger, n'a pas son véritable domicile en France. (1)

Mais si les tribunaux pensent que le commerçant, ou la société étrangère, car les règles sont les mêmes qu'il s'agisse d'un individu ou d'une société, n'a pas en France son principal établissement, ils devront se déclarer incompétents, et cela, que le tribunal du lieu du principal établissement ait déjà déclaré la faillite, ou ne l'ait pas déclarée. Voilà la théorie soutenue par certains auteurs considérables : un seul tribunal compétent pour déclarer la faillite, le tribunal du domicile, par conséquent impossibilité pour les tribunaux français de déclarer un étranger en faillite si cet étranger n'a en France qu'une simple résidence, impossibilité de déclarer en faillite

1. Dubois sur Carle, note 50.

une société étrangère si cette société n'a en France qu'une simple succursale. Mais où trouvons-nous consacré ce système ?

Pour dénier la compétence du tribunal français au cas où l'étranger n'aurait pas en France son principal établissement, pour déclorer des créanciers français désarmés en France, au cas où un étranger qui y fait le commerce cesse ses paiements ; pour faire échec en un mot, au droit commun, il faut pouvoir se baser sur un texte formel et s'appuyer sur la loi. Quel est le texte qui permet de décider ainsi que l'étranger doit être domicilié en France pour y subir la loi des commerçants, alors qu'il fait le commerce et qu'il peut n'avoir pour créanciers que des Français ? On voudrait s'appuyer sur les articles 59 § 7 du Code de procédure civile et 438 du Code de commerce (1) ? Ces articles, en effet, attribuent compétence absolue, pour la déclaration de faillite, au tribunal du domicile du failli. En refusant compétence au tribunal de la résidence, au cas dont nous parlions plus haut, on respecterait le droit commun, le droit établi par ses le textes, bien loin de le violer. Il faudrait même scrupuleusement s'en tenir à ces textes puisqu'ils ont donné une règle précise.

Nous ne pouvons croire que ces textes aient trait à la question dont nous nous occupons ici. Il est bien vrai que les articles 59 § 7 du Code de procédure civile et 438 du Code de commerce décident quel sera le tribunal compétent en matière de faillite, il est encore vrai qu'ils dé-

1. Dubois sur Carle, *loc. cit.*

signent clairement le tribunal du domicile, mais à quel point de vue se placent-ils ? Ils se placent uniquement au point de vue français, ils entendent parler uniquement de faillites françaises, de commerçants français, et s'ils parlent du principal établissement d'une société, c'est d'une société française qu'il s'agit, d'une société qui peut avoir des succursales en France.

Ce que ces articles ont entendu éviter, c'est que deux tribunaux français soient saisis en même temps, ce qui occasionnerait toujours une perte de temps pour décider lequel devrait rester saisi ; or, dans les affaires commerciales une perte de temps si peu considérable qu'elle soit peut être parfois fort nuisible. Mais dans la question qui nous occupe, de quoi s'agit-il ? Nous ne sommes pas en présence d'un commerçant français ayant en France deux établissements dont l'un peut être principal et l'autre secondaire, nous sommes en présence d'un étranger établi en France, et qui y fait le commerce, qui fait de mauvaises affaires, qui arrive à suspendre ses paiements. Devons nous nous occuper de savoir si ce commerçant fait le même commerce à l'étranger et s'il y a un établissement supérieur en importance à son établissement français ? Le Code de procédure, pas plus que le Code de commerce n'ont jamais songé à cela. Ils ont réglé une situation intérieure, ils se sont occupés des intérêts français, ils n'ont jamais songé à régler des rapports internationaux.

Nulle part nous ne trouvons la trace que le législateur

ait entendu régler un rapport quelconque de Français à
étranger. Comment alors pourrions-nous le supposer
ici ? Et ce n'est pas après coup, de nous-mêmes, que
nous pourrions étendre une disposition de loi édictée pour
des Français, aux rapports de ces Français avec des étrangers. Les auteurs qui ont prétendu que ces textes s'appliquaient aux étrangers en France l'ont fait pour soutenir
une théorie qu'ils ont créée d'ailleurs de toutes pièces,
pour en demander l'application ils avaient besoin de lui
trouver des attaches avec les lois existantes, il était nécessaire pour eux de trouver dans les codes les principes
desquels ils partent pour construire tout leur système.
Nous ne voulons pas entrer ici dans les détails de cette
théorie que nous examinerons plus tard (1) qu'il nous
suffire de dire que ce n'est qu'une théorie et que recher-
chant ce qu'exige la pratique en l'état actuel de notre législation, nous ne pouvons forcer la lettre et l'esprit d'un
texte et trouver en lui ce qu'il n'a jamais contenu, nous
ne pouvons raisonnablement dire qu'en établissant la
compétence du tribunal du domicile pour déclarer la faillite, les articles 59 § 7 du code de procédure civile et 438
du code de commerce aient entendu régler la situation
d'un étranger ayant une résidence, ou établissement secondaire en France et un domicile ou établissement principal à l'étranger. Malgré toutes ces probabilités, nos auteurs tiennent si fort à établir leur théorie sur des bases

1. Théorie de l'unité et de l'universalité de la faillite.

solides que dans la question qui nous occupe ils préten
dent trouver un appui dans la jurisprudence. D'après eux
elle consacrerait cette idée que la déclaration de faillite,
même lorsqu'il s'agit d'étrangers, doit avoir lieu devant
le tribunal du domicile (1).

Dans le jugement et dans l'arrêt confirmatif que nous
citons en note, il s'agit d'une société commerciale étrangère, la Société du Crédit foncier suisse. Cette société
avait été déclarée en faillite à Genève le 3 février 1874.
Le 5 février 1874, le Crédit foncier suisse était également
déclaré en faillite à Paris. Les syndics suisses ont formé
opposition au jugement français déclaratif de faillite à la
date du 5 mars 1874. Le tribunal de commerce de la Seine
a débouté les syndics suisses de leur opposition. Cette
Société du Crédit foncier suisse, dont les statuts établis-
saient le siége social à Genève et qui partait de là pour
soutenir qu'elle était domiciliée à Genève, n'avait en réalité de Suisse que le nom. Le motif vrai de sa création à
Genève était d'éluder les lois françaises sur les sociétés
anonymes et de pouvoir opérer en France en se soustra-
yant à l'empire de ces lois françaises. En effet, aucun administrateur du Crédit foncier suisse ne résidait à Genève;
tout le personnel administratif au contraire, habitait Paris. C'est à Paris que le Crédit foncier suisse avait son
siège effectif, dans un hôtel acheté par lui. C'est là que

1. Tribunal de commerce de la Seine ,5 mars 1874, journ. de dr.
int. p. t. p. 96. Paris 20 juin 1874, D. p. 1876, 5, 222.

s'étaient faites presque toutes les opérations de cette société. C'est là en particulier qu'était le bureau d'émission des titres dont les opérations reconnues frauduleuses par les tribunaux français ont donné lieu de leur part à l'application des lois pénales à certains administrateurs. Les administrateurs primitifs n'avaient rempli que d'une manière fictive les conditions que la loi genevoise impose à une société anonyme. La souscription et le versement par ces administrateurs d'un certain capital en actions sans lequel une société de ce genre ne peut exister légalement à Genève, n'avaient été effectués qu'au moyen de conventions détruites par des contre-lettres (1).

Dans ces conditions, le tribunal de commerce de la Seine, de même que la Cour d'appel de Paris, ont constaté un fait de toute évidence, à savoir que le vrai domicile, le principal établissement du Crédit foncier suisse était à Paris, et non pas à Genève. Ils ont traité cette société, qui n'avait de suisse que l'étiquette, comme une société française devant être déclarée en faillite à son domicile, c'est-à-dire à Paris.

Ils n'avaient pas ici, à se prononcer sur la question de savoir si l'étranger qui n'a en France qu'une simple résidence peut être déclaré en faillite, ils se trouvaient en préssnce d'un Français domicilié en France, mais prenant une qualité d'emprunt pour échapper aux devoirs

1. Tous ces faits sont constatés dans une décision du conseil fédéral de Berne en date du 21 janvier 1875.

que lui imposait sa nationalité. Il nous paraît difficile de faire de ce jugement du tribunal de commerce de la Seine et de cet arrêt de la Cour de Paris, un jugement et un arrêt de principe, décidant la compétence du tribunal du domicile, au cas où un étranger aurait sa résidence en France et son domicile à l'étranger.

Le 18 août au contraire, le tribunal de commerce de la Seine décidait qu'un tribunal de commerce français est compétent pour déclarer la faillite en France d'une maison de commerce étrangère ayant son siège à l'étranger et une succursale en France, si par suite de ses opérations en France cette succursale se trouve en état de cessation de paiements (1).

D'un arrêt de la cour de Paris en date du 10 novembre 1886, il résulte qu'il suffit que l'étranger fasse en France ce qui constitue une opération commerciale, acheter pour revendre, pour qu'il puisse être déclaré en faillite sans que les tribunaux aient à s'occuper de la question de savoir si c'est pour son principal établissement, ou pour un établissement secondaire, qu'il se livre à ces opérations. « La cour, considérant qu'il résulte de documents produits devant la cour que Gerson, citoyen américain, a exercé le commerce à Paris en qualité de commissionnaire en marchandises, ayant rue de Paradis-Poissonnière, 32, un bureau et un magasin distincts de son ha-

1. Voir *Journal des tribunaux de commerce*, 1876, p. 16. et *Journal de dr. int. privé*, année 1876, p. 455.

bitation personnelle où il se livrait à des achats de
marchandises destinées à être revendues, qu'il a en avril
1885 quitté cet établissement laissant un passif de 20000
fr., etc. (1) ».

Enfin un jugement du tribunal de commerce d'Amiens
en date du 8 mai 1888 décide que l'article 437 du code
de commerce est une disposition générale et absolue qui
a tous les caractères d'une loi de police et de sûreté obligeant tous ceux qui habitent le territoire français, qu'en
conséquence les étrangers *résidant* en France peuvent
être déclarés en état de faillite.

« Considérant, dit le jugement, que les étrangers pendant leur temps de séjour ou de résidence en France seront admis au bénéfice de toutes les dispositions du code
de commerce dans les contestations et procès qui peuvent
surgir entre eux et des Français et qu'ils peuvent même
assigner en déclaration de faillite pour sauvegarder leur
situation de créanciers ou faire infliger une peine sévère
à des débiteurs de mauvaise foi.

Qu'il est juste et logique que ceux qui sont admis au bénéfice des lois commerciales d'un pays pour la défense
et la protection de leurs intérêts soient soumis aux effets
de ces mêmes lois lorsqu'ils viennent contracter dans ce
pays des engagements qu'ils n'exécutent pas (2) ».

La jurisprudence Belge, décide dans le même sens :

1. Paris, 10 nov. 1880, *journ. dr. int. pr.* 1886, p. 711.
2. Trib. de com. d'Amiens, 8 mai 1888, *journal des faillites*, année 1890, p. 74.

le tribunal civil de Dinant a déclaré le 10 juin 1885 que les tribunaux Belges sont compétents pour statuer sur la demande en déclaration de faillite, introduite devant eux par un étranger, à charge d'une société constituée et ayant son siège social à l'étranger, mais possédant un siège d'exploitation en Belgique (1).

Et il résulte d'un jugement d'un tribunal de commerce de Bruxelles du 7 décembre 1885 que la loi sur les faillites a le caractère d'une loi de police et de sûreté obligeant tous ceux qui habitent le territoire, et qu'en conséquence, l'étranger, même s'il a conservé son domicile d'origine et s'il n'a qu'une résidence en Belgique peut être attrait devant un tribunal Belge et assigné en déclaration de faillite (2).

Ainsi, nulle part, nous ne trouvons énoncée ce principe que la règle édictée pour la déclaration de faillite française, à savoir la compétence du tribunal du domicile devrait s'étendre au delà des limites du pays où elle a été édictée et s'appliquer dans les rapports internationaux. Dans l'état actuel de notre législation, et à ne considérer que nos codes, nous avons parfaitement le droit en France, de faire déclarer en faillite l'étranger qui n'y a que sa résidence.

Mais on s'est demandé si cet étranger que nous pouvons faire déclarer en faillite, aurait le droit de provoquer

1. Trib. civ. de Dinant. 10 juin 1885. *J. de dr. int.* pr. 360.
2. Trib. de comm. de Bruxelles, 7 décembre 1885, *j. de dr. int. priv.* année 1887, p. 360.

lui-même cette déclaration de faillite. Si nous décidons
que les étrangers peuvent être déclarés en faillite, pourrait-on dire, c'est dans l'intérêt de nos nationaux qui peuvent à un moment donné, être mieux protégés par les
lois de la faillite que par le droit de poursuite individuelle
mais ce n'est pas du tout pour que les étranger viennent
profiter d'une situation plus profitable pour eux, qui
jouiront de tous les avantages de la faillite et seront bien
moins que les Français atteints par les incapacités qu'elle
entraîne. Nous ne saurions nous arrêter longtemps à cette
opinion; pour la soutenir il faudrait prétendre que la faillite fait partie du droit civil ; nous avons dit au contraire
que la faillite touche à l'ordre public, c'est dans un intérêt d'ordre public qu'est ordonnée la constatation de la cessation des paiements, par conséquent non seulement les
créanciers ont le droit de faire constater cet état, mais le
débiteur lui-même a le devoir de déposer son bilan. La
cour de cassation l'a d'ailleurs parfaitement indiqué dans
ses arrêts du 24 novembre 1857 (1). On n'a jamais contesté d'ailleurs que l'étranger déclaré en faillite jouisse
des avantages que la loi française attache à la qualité de
failli. « Outre qu'il y aurait quelque chose d'inique, dit M.
Bravard, à priver des avantages celui qu'on soumet aux
charges résultant de la qualité de failli, l'intérêt du débiteur est ici inséparable de celui des créanciers ce qui est
favorable aux uns est favorable aux autres. »(2) Et la cour

1. Cass. 24 nov. 57. D. P. 58. 1. 85.
2. Bravard, t. V, p. 10.

de Paris par un arrêt du 11 juin 1872, réformant un jugement du tribunal de commerce de la Seine du 4 octobre 1871 a décidé que la loi du 22 avril 1871 qui affranchit de la qualification de failli et des incapacités qui y sont attachées les négociants tombés en état de cessation de paiement depuis le 10 juillet 1870 jusqu'au 30 septembre 1871 pouvait s'appliquer aux étrangers aussi bien qu'aux Français (1).

Que dire maintenant d'un étranger qui n'aura en France ni domicile ni résidence, pourra-t-il lui aussi être déclaré en faillite en France ? nous pensons fermement que lui aussi pourra être cité devant les tribunaux français et déclaré en faillite, et cela en vertu de l'art 14. La solution que nous avons donnée à la question de savoir si les articles 59 C. pr. civ. et 438 C. de comm. s'étendaient aux rapports internationaux ou devaient s'appliquer entre les seuls Français, pouvait d'ailleurs faire présumer quelle serait notre opinion sur la difficulté qui nous occupe en ce moment, nous avons soutenu que ces dispositions de nos Codes n'avaient trait qu'à la déclaration de faillite des commerçants Français et ne s'appliquaient nullement aux commerçants étrangers ayant fait le commerce en France, il faut donc nécessairement s'en rapporter à l'article 14 qui règle la matière.

« On ne peut pas dire, à écrit M. Lyon-Caen, dans sa remarquable brochure sur les sociétés étrangères, que

1. Paris, 11 juin 1872, D. P. 72. 2. 102.

l'adhésion de l'actionnaire aux statuts entraîne sa soumission aux règles de compétence de la législation étrangère. Il a pu ignorer les principes de cette législation. On ne peut pas non plus dire : l'article 14 du Code Napoléon ne permet aux Français de citer des étrangers devant les tribunaux de France qu'autant qu'il n'y a pas, en dehors de la règle *actor sequitur forum rei*, une disposition spéciale dans la législation française elle-même qui rend un tribunal français compétent, or l'article 59 du code de procédure civile déclare compétent en matière de société, le tribunal du lieu où elle est établie.

L'article 14 a une portée extrêmement générale, il rend les tribunaux Français compétents pour connaître des procès intentés par des français contre des étrangers, quand même la législation française consacre des règles de compétence spéciale à raison de la nature de la contestation, règles qui conduiraient, en l'absence de l'art. 14, à attribuer compétence aux tribunaux étrangers. La disposition spéciale de l'art. 59, C. de pr. civ., ne concerne que les sociétés françaises »(1).

Nous avons là un texte tout à fait spécial et de faveur, il est vrai, pour les Français ; mais ce texte dit clairement que le Français pourra appeler l'étranger devant des tribunaux Français pour arriver à l'exécution des obligations que cet étranger aurait contractées avec lui, Français,

1. Lyon-Caen, *De la condition légale des sociétés étrangères en France*, n° 37.

soit en France, soit à l'étranger; voilà le principe posé, sans aucune restriction. Or il est bien évident que la faillite est une manière d'arriver à l'exécution des obligations et dès l'instant que le texte n'a pas exclu la faillite, c'est que le Français pourra choisir ce mode d'arriver à l'exécution des obligations.

Ici encore dès l'instant qu'on peut poursuivre les étrangers devant nos tribunaux, tout comme des Français, il n'y a pas de raison de les faire échapper à la faillite, alors au contraire que les Français y seront soumis.

Aussi les auteurs qui veulent soutenir la thèse de la faillite unique sont-ils fort embarrassés pour écarter les conséquences de cet article 14, en matière de faillite.

« La question, nous sommes obligé de le reconnaître, dit M. Weiss, est singulièrement délicate, la résoudre par l'affirmative, c'est rendre possible l'organisation simultanée ou successive de plusieurs faillites sur des territoires divers, c'est rompre avec la doctrine de l'universalité. Aussi préférons-nous croire que l'article 14 est demeuré étranger à la matière des faillites, le caractère exceptionnel de l'immunité qu'il consacre au profit du Français répugne à cette extension » (1). Mais ce ne sont pas là des arguments, il ne suffit pas de constater que telle disposition de la loi rompt l'unité d'une doctrine pour faire que cette disposition n'existe pas. De même que lorsque M. Bertauld nous dit (2) : « l'article 14, est

1. Weiss, Annales du droit commercial. Année 1888.
2. Bertauld, *Questions pratiques*, t. 1, n° 204.

une disposition trop exorbitante, trop hostile aux principes pour l'étendre à une classe de décision qui ne sont pas entrées vraisemblablement dans les prévisions de la loi. » Il est bien certain que c'est là un article fait dans l'intérêt exclusif des français et qui dénote de la part du législateur une grande défiance à l'égard des tribunaux étrangers. Il se peut même que si on avait aujourd'hui à refaire le Code civil, l'article 14, n'y trouverait plus sa place, mais il n'en est pas moins vrai que cette disposition existe, quelque exorbitante qu'elle soit, et qu'elle existe sans aucune restriction. Or tant qu'elle n'aura pas été supprimée, il ne nous appartient pas, à nous qui devons interpréter la loi, de nous substituer au législateur et de rayer en pratique du Code civil une disposition qu'il y a placée en connaissance de cause et dont on n'a encore demandé ni obtenu la suppression, nous ne pouvons d'avantage nous arrêter à l'argument qu'invoque M. Bertauld (1), quand il dit « qu'il ne s'agit pas pour le Français d'obtenir un jugement déclaratif de son droit, mais que c'est un jugement constitutif d'état que le créancier français réclame et que ce jugement n'aura pas seulement autorité vis-à-vis de lui, qu'il aura autorité vis-à-vis de tous ».

On ne saurait soutenir d'une façon sérieuse que la faillite affecte exclusivement l'état d'une personne. Combien plus d'importants sont les effets relatifs aux biens, et

1. Bertauld, *loc. cit.*

de ce .qu'en France elle frappe de quelques incapacités l'individu failli, on ne peut conclure que le jugement qui la déclare soit un jugement constitutif d'état.

La Cour de Paris a fort bien dit le 23 novembre 1874, qu'aux termes de l'art. 14, C. civ., les tribunaux français sont compétents pour connaître des demandes formées par un Français contre un étranger même non résidant en France, que le principe est applicable surtout en matière de commerce qui est du droit des gens et qu'il résulte de là que les tribunaux français ne sont pas dépouillés de leur droit de juridiction par ce fait que l'étranger aurait son domicile en pays étranger (1).

De même, il résulte d'un arrêt de la Cour d'Aix du 30 nov. 1880, que l'article 59, C. pr. civ., qui veut que les actions en matière de faillite soient portées devant le tribunal de la faillite ne fait pas obstacle à l'article 14, du Code civil qui autorise le demandeur français à citer l'étranger défendeur devant le tribunal de son propre domicile.

Attendu, avait dit le tribunal de Marseille, que le législateur, en édictant l'art. 59, C. pr. civ., n'a eu pour but que de régler lequel des tribunaux français devait être compétent en matière de faillite prononcée en France ; que ses dispositions ne se rapportent évidemment qu'aux tribunaux français et à la procédure qui doit être suivie devant eux......

1. Paris, 23 nov. 1874, Werner c. Renard, *J. de dr. int. privé*, 1875, p. 485..

Que cet article ne saurait donc porter atteinte au principe établi par l'art. 14, C. civ., en faveur des français qui veulent réclamer le bénéfice de la loi française contre l'étranger même résidant en France, soit pour l'exécution des obligation contractées en France avec un étranger, soit pour l'exécution de celles contractées à l'étranger(1).

Nous trouvons encore dans un arrêt de la Cour de Paris en date du 19 juin 1891, ce considérant intéressant : il s'agit d'une demande en déclaration de faillite, « considérant que si les appelants étaient étrangers et avaient leur établissement principal à l'étranger, le litige avait trait à l'exécution d'obligations par eux contractées en France avec des Français, que la compétence du tribunal français n'était donc pas douteuse aux termes de l'art. 14 du Code civil » (2).

Nous voyons par ces décisions de jurisprudence que constamment l'article 14 est invoqué par des Français dans leurs rapports avec des commerçants étrangers. Il nous paraît impossible qu'en présence de ce texte formel, les tribunaux français refusent d'en tirer toutes les conséquences qui en découlent logiquement, et entre autres de déclarer en faillite l'étranger même n'ayant en France ni domicile, ni résidence, mais ayant contracté avec des Français. Nous ne nous prononçons pas sur le

1. Jugement du tribunal civil de Marseille du 8 décembre 1879. Arrêt de la Cour d'Aix du 30 novembre 1880, *J. du dr. int. priv.*, 1881, p. 363.
2. Paris, 19 juin 1891, *Journal le droit*, 19 novembre 1891.

point de savoir si ce sont là des conséquences fâcheuses ou non au point de vue du droit international, mais c'est la loi, et nous devons l'appliquer si aucun changement n'y est apporté.

Après avoir parlé de la déclaration de faillite en France d'un étranger, il nous faut dire quelques mots de la déclaration de faillite en France d'une société étrangère, et examiner si cette question comporte les mêmes solutions lorsqu'il s'agit d'une société ou d'un simple commerçant. Nous parlerons d'abord des sociétés étrangères reconnues en France, y ayant une existence légale, ensuite des sociétés non reconnues.

Les sociétés en nom collectif et en commandite simple étrangères ayant été en pratique toujours considérées comme ayant en France une existence légale, c'est seulement des sociétés anonymes et des sociétés en commandite par actions que nous entendons parler en disant: sociétés étrangères reconnues en France.

Quelle était, avant la loi du 30 mai 1857, la situation des sociétés anonymes étrangères ? Elles ne pouvaient exister légalement en France qu'après avoir obtenu l'autorisation du gouvernement, conformément à l'article 37 ancien du Code de commerce (1). On avait prétendu que les sociétés anonymes étrangères constituées selon les lois de leur pays devaient avoir de plein droit existence

____

1. Lyon-Caen et Renault, *Traité de droit commercial*, 2º édition, t. II, nº 1004.

légale en France en se basant sur ce que les lois reconnaissant la personnalité civile des sociétés sont des lois personnelles, et que les lois personnelles suivent ceux à qui elles s'appliquent, partout, même à l'étranger; que de plus, appliquer l'article 37 du Code de commerce aux sociétés étrangères, c'était en faire des sociétés françaises. Mais les lois personnelles des étrangers doivent céder en France devant des lois d'ordre public. Or, la loi exigeant l'autorisation préalable des sociétés anonymes était une loi d'ordre public.

Depuis la loi du 30 mai 1857 : 1° les sociétés anonymes belges dûment autorisées par le gouvernement de leur pays, ont une existence légale en France.

2° Le gouvernement français a le pouvoir de reconnaître l'existence légale des sociétés des autres pays par un décret rendu en Conseil d'Etat (1).

Il s'agit là d'une autorisation générale pour toutes les sociétés anonymes qui pourront se créer dans un même état et non plus comme sous l'empire de l'article 37 du code de com. d'une autorisation accordée à telle ou telle société dont on aurait examiné les statuts, dont on con-

1. Le gouvernement a reconnu l'existence légale des sociétés anonymes étrangères des divers Etats suivants : Turquie et Egypte, 7, 18 mai 1859 ; Sardaigne, 8 sept. 1860 ; Portugal, 27 fév. 1861 ; grand duché de Luxembourg, 27 fév. 1861 ; Suisse, 11 mai 1861 ; Espagne, 5 août 1861 ; Grèce, 9 nov. 1861 ; Etats Romains, 5 févr. 1862 ; Pays-Bas, 12 juillet 1863 ; Russie, 25 févr. 1865 ; Saxe, 22 mai 1868 ; Prusse, 10 déc. 1868 ; Autriche, 20 juin 1858 ; Suède et Norvège, 14 juin 1872 ; Etats-Unis d'Amérique, 6 août 1882.

naîtrait les fondateurs et les administrateurs, d'une autorisation en un mot qui était donnée *intuitu personæ.* La loi de 1857 n'a pas exigé la réciprocité de la part des Etats à qui le gouvernement accorderait la reconnaissance de leurs sociétés anonymes.

La loi de 1867 qui supprime l'autorisation préalable pour les sociétés françaises n'a pas abrogé la loi de 1857. En effet, si les sociétés Françaises n'ont plus besoin d'une autorisation expresse, elles sont toujours soumises à un système très sévère de réglementation légale. Or comme il est impossible d'y soumettre les sociétés étrangères il est fort utile de les laisser sous l'empire de la loi de 1887 sous peine de les voir jouir en France d'une liberté plus grande que les sociétés françaises elles-mêmes.

Telles sont les sociétés étrangères que nous rangeons sous la catégorie des sociétés autorisées ou ayant en France une existence légale. Les sociétés doivent alors être considérées comme un individu étranger. Elles auront en France les mêmes droits, elles pourront notamment y faire le commerce, y établir des succursales, agir devant nos tribunaux soit comme demanderesses, soit comme défenderesses pourront-elles, comme l'individu étranger, être déclarées en faillite ?

Nous ne croyons pas qu'il y ait lieu de faire ici une distinction entre les commerçants étrangers et les sociétés étrangères.

La société étrangère, dès l'instant qu'elle aura fait des actes de commerce en France, pourra être déclarée en faillite (art. 437 C. com.) dès l'instant qu'elle aura traité avec un Français, ce Français pourra l'appeler devant les tribunaux français et la faire déclarer en faillite en vertu de l'article 14.... C. civ.

Il est une question pourtant qui se pose avec plus de force peut-être, tout au moins en apparence, lorsqu'il s'agit d'une société étrangère que lorsqu'il s'agit d'un commerçant étranger.

Cette question est la suivante. A quelle loi s'adressera-t-on pour savoir si les opérations faites par la société sont vraiment des opérations commencées ? Sera-ce la loi nationale de la société, c'est-à-dire la loi du pays auquel cette société emprunte sa nationalité ? sera-ce la loi du lieu où l'opération a été faite ? ou doit-on dire que d'une manière absolue ce ne sera ni l'un ni l'autre de ces deux lois ?

Il peut sembler au premier abord qu'une société constituée sous l'empire des lois d'un pays, dont les statuts indiquent clairement qu'elle a entendu se soumettre à ces lois, statuts que les intéressés qui traitent avec la société ont pu et dû connaître, il semble naturel de dire que cette société n'a eu à considérer aucune autre loi et que les actes qu'elle fait doivent recevoir la qualité de commerciaux, ou non commerciaux suivant qu'ils présentent ou non les caractères exigés pour un acte de commerce par les lois qui réglementent la société. Ce n'est pourtant pas la solution que nous adopterons et nous ne croyons pas que les tribunaux français doivent se reporter à la loi étrangère pour décider si une société se trouve dans les conditions voulues pour être déclarée en faillite. La société étrangère sera déclarée en faillite si elle s'est livrée à des opérations que notre législation considère comme des opérations commerciales alors même que la législation étrangère ne leur reconnaîtrait pas ce caractère.

Nous ne dirons pourtant pas, comme on l'a fait (1), que pour savoir si un acte est civil ou commercial, il faut appliquer la loi du lieu où cet acte a été fait ; d'après la théorie poposée, si cet acte est commercial, il doit être considéré partout comme tel. Mais les auteurs qui soutiennent cette idée admettent pourtant cette restriction : au point de vue de la preuve, l'acte qui a été fait dans un pays où il est considéré comme un acte de commerce et qui par conséquent est d'une manière absolue un acte de commerce, sera bien considéré partout comme tel, mais au point de vue de la compétence, c'est à la loi du tribunal saisi qu'il faudra s'attacher. « L'ordre des juridictions, dit-on, ne peut dépendre des lois étrangères, un tribunal n'est compétent que dans les cas prévus par la loi qui l'a institué ».

« Cette règle ne conduit en réalité, à aucune conséquence pratique, disent avec raison MM. Lyon-Caen et Renault (2). » Le principe à poser est, au contraire, que, toutes les fois que la question de savoir si un acte passé

1. Asser et Riviere, *Éléments de dr. int. privé* §§ 91 et 92.
2. Lyon-Caen et Renault, *op. cit.* t. 1, n° 183.

en pays étranger est commercial se présente en France on doit, pour la trancher, consulter la loi française, sans se préoccuper de la loi du pays où l'acte est intervenu. Cela provient, soit de ce que l'intérêt pratique de la distinction des actes de commerce et des actes civils tient à l'ordre public, soit de ce que des textes positifs exigent l'application de la loi française. Sans doute, à certains points de vue, il faudra tenir compte de la loi étrangère, mais cela ne dépend pas de la règle que la nature civile ou commerciale assignée à l'acte par la législation du pays où il a été passé devrait lui être reconnue ailleurs. Ainsi à raison du caractère d'ordre public des lois de compétence, il est certain, quelle que soit la règle générale adoptée, que la loi française seule doit être consultée pour désider si le tribunal de commerce est ou non compétent pour connaître d'un acte passé en pays étranger comme s'il s'agissait d'un acte passé en France. Il est également certain que, si un étranger demandeur contre un Français, invoque, pour ne pas fournir la caution *judicatum solvi*, la dispense admise dans les matières de commerce, c'est la loi française qui devra être consultée pour décider si l'affaire rentre ou non dans cette catégorie ».

Si parfois, lorsqu'un procès s'élève en France au sujet d'un acte considéré comme commercial dans le pays où il a été fait, et non commercial en France, on admet néanmoins en France, la preuve testimoniale, ce n'est pas parce que l'acte doit être considéré en France comme commercial, c'est qu'en matière de preuve on suit la règle *locus regit actum*, si la preuve par témoins était admise là où les parties ont traité, elle sera admise dans le pays où le procès a lieu (1).

Ainsi c'est au point de vue de la loi Française que les tribunaux doivent apprécier les opérations faites par une société étrangère alors que les créanciers de cette société viennent l'actionner devant les tribunaux français pour la voir déclarer en faillite. La Cour de cassation a fait une application de ce principe dans un arrêt en date du 29 avril 1885 rejetant un pourvoi formé contre un arrêt de la cour d'appel d'Aix en date du 3 avril 1884 (2).

De même, et conformément à ce que nous disions relativement à la déclaration en faillite d'un individu étranger, une société étrangère pourra être déclarée en faillite en France sur la demande de créanciers français, alors même qu'il s'agira d'obligations contractées hors de notre territoire et que la société n'y aura pas d'établissements (art. 14 du Code civ.) (3).

Par application de cette règle, disent MM. Lyon-Caen et Renault, des Français actionnaires, porteurs d'obligations ou créanciers à un titre quelconque d'une société

1. Lyon-Caen et Renault, *op. cit.*
2. Aix, 3 avril 1884 ; Cass., 29 avril 1885, D. P. 85. 1. 225.
3. Lyon-Caen et Renault, *op. cit.*, t. 1, n° 405 ; Cass., 26 juillet 1853, S. 1853. 1. 688 ; Cass., 19 mai 1863, S. 1863. 1. 353 ; Paris, 9 mai 1865, S. 65. 2. 210 ; Cass., 23 février 1874, S. 1874. 1. 145 ; Limoges, 29 juin 1885, S. 1887. 1. 81. Ch. Lyon-Caen, *De la condition légale des sociétés étrangères en France*, n° 30.

étrangère, peuvent l'actionner devant nos tribunaux. On
ne peut opposer à cette solution la disposition de l'art.
59 C. pr. civ. qui attribue compétence au tribunal du
principal établissement de la société. Cette disposition
n'est faite que pour les sociétés françaises, et du reste,
l'art. 14 C. civ., pour le cas de procès entre un Français
demandeur et un étranger défendeur, déroge à toutes les
règles de l'art. 59 pour attribuer compétence à nos tribunaux.

Il nous reste à parler maintenant de la mise en faillite
des sociétés non reconnues en France et à dire tout d'a-
bord ce que nous entendons par là. Nous avons dit que
la loi du 30 mai 1857 avait donné au gouvernement français le pouvoir d'accorder par un décret l'existence légale
en France, à toutes les sociétés anonymes d'un Etat.
Mais des décrets n'ont pas été rendus en faveur de tous
les Etats ; quelle sera donc en France la situation des
sociétés anonymes d'un pays en faveur duquel aucun décret n'aura été rendu en vertu de la loi du 30 mai 1857.
On a soutenu que ces sociétés auront en France une
existence légale au même titre que les sociétés autorisées (1).

1. Alauzet, *Commentaire du code de commerce*, I, nᵒˢ 631 et 635, en
faveur de cette opinion rapport fait au corps législatif sur la loi du
30 mai 1857 : « Le projet de loi qui vous est soumis, a pour objet
d'assurer d'une manière légale, et par conséquent, plus positive
aux sociétés anonymes étrangères cherchant à étendre leurs relations sur le territoire français le droit d'ester en justice dont elles
ont joui néanmoins de tout temps grâce à la tolérance du gouver-

Ces sociétés se trouvent dans une situation analogue à celle où se trouvaient toutes les sociétés anonymes étrangères avant la loi de 1857. On avait bien soutenu qu'alors ces sociétés avaient de droit existence légale en France sans être soumises à l'autorisation qu'exigeait l'art. 37 du Code de comm. Nous avons discuté plus haut cette opinion et nous sommes arrivé à cette conclusion que ces sociétés, pour être reconnues en France devaient avoir obtenu l'autorisation dont parle l'art. 37 du Cod. de com. De même aujourd'hui, les société d'un Etat qui n'a pas été l'objet d'un décret rendu conformément à la loi de 1857 ne peuvent avoir d'existence en France. Pour soutenir le contraire on invoque les mêmes motifs que pour les sociétés anonymes antérieures à 1857. Nous avons dit ce que nous pensions de ces arguments, nous n'avons donc pas à y revenir.

Mais que penser des sociétés anonymes d'un pays, en faveur duquel il est vrai, il n'y a pas eu de décret rendu d'après la loi du 30 mai 1857 mais avec lequel des conventions diplomatiques sont intervenues qui stipulent le traitement de la nation la plus favorisée ?

Les sociétés de ces Etats pourront-elles être considérées comme existant en France, pourront-elles se prévaloir de ce fait que les sociétés d'un certain nombre d'Etats

nement francais et à la jurisprudence constante de nos tribunaux. Elles en jouissaient par tolérance, elles en jouiront légalement, sous la seule, mais importante condition de se conformer aux lois de l'Empire ».

étant reconnues en France, elles doivent l'être parce qu'un traité accorde à leur pays le traitement de la nation la plus favorisée. On a prétendu que oui en faisant le raisonnement suivant : C'est sur la manière dont sont établies les relations commerciales de la France avec la nation la plus favorisée, qu'on a voulu baser le traité conclu. Dès l'instant que rien n'a été spécifié pour les sociétés anonymes, c'est que leur condition doit être identique pour l'un et l'autre État (1). Nous pensons au contraire avec MM. Lyon-Caen et Renault que « la clause de la nation la plus favorisée n'a pas pour effet d'habiliter les sociétés étrangères à agir en France (2).

Il s'agit de personnes civiles et il n'est pas possible d'étendre à ces personnes une clause, qui, d'ordinaire, vise les sujets des États contractants, pour leur reconnaître le droit de faire librement le commerce.

Les questions relatives aux personnes civiles ont généralement toujours été réglées à part. C'est ainsi que malgré les traités d'établissement conclus entre la France et la Suisse, les sociétés anonymes suisses ont été considérées comme n'ayant pas le droit d'agir en France avant qu'un décret du 11 mai 1861, rendu en exécution de la

1. Lyon, (1re ch) 13 déc. 1880, *La propriété industrielle de Berne*, 1891, p. 104 ; Weiss, *Traité élémentaire de droit international privé*, p 163 à 166 ; Eug. Pouillet, *La propriété industrielle de Berne*, 1891, p. 102 à 104 ; Kaufmann, *Des sociétés anonymes francaises en Alsace-Lorraine, J. du dr. int. pr.*, 1882, p. 129 et suiv., p. 260 et suiv.

2. Trib. civ. Seine, 26 mai 1891, *La Loi*, n° 16 juin 1891.

loi du 30 mai 1857, le leur eût conféré (1). Du reste, la clause de la nation la plus favorisée n'a pas une portée absolue ;......... elle implique certainement le droit pour ses sujets de faire le commerce librement sans être soumis à aucune taxe spéciale à raison de leur extranéité. Ainsi ils peuvent agir isolément ou former des sociétés de commerce dans le pays auquel ils n'appartiennent pas ; mais peuvent-ils aussi former dans leur propre pays des sociétés anonymes habiles à agir dans l'autre pays contractant ? C'est là une question toute différente et toute spéciale » (2). Ainsi nous devons considérer comme n'étant pas reconnues, comme n'ayant aucune existence légale en France, les sociétés anonymes étrangères non autorisées par un décret de la loi de 1857, alors même qu'elles appartiendraient à un pays qui, par un traité aurait, à l'égard de la France, la situation de la nation la plus favorisée. De ce que ces sociétés, non autorisées, ne sont pas reconnues en France, il en résulte qu'elles ne peuvent en principe ni agir devant les tribunaux français, ni faire des opérations en France (3). Pourront-elles cependant être déclarées en faillite ? Nous n'hésitons pas à répondre que oui, car si ces sociétés ne sont pas léga-

1. Orléans, 10 mars et 10 mai 1860, D. 1860. 2. 126 ; Cass., 1ᵉʳ août 1860, D. 1860. 1. 444.

2. Lyon-Caen et Renault, *op. cit.*, t. II, nº 1102.

3. Lyon-Caen et Renault, *op. cit.*, t. 2, nº 1182 ; Aubry et Rau, *Cours de droit civil français*, 4ᵉ édit., I, § 54, p. 58 et note 25 ; Cass., 1ᵉʳ août 1860, D. 1860. 1. 444 ; Cass., 19 mai 1863. S. 1863. 1. 353 ; Amiens, 2 mars 1865, S. 1865. 2. 210.

lement reconnues, on ne peut prétendre cependant qu'elles n'aient absolument aucune existence, elles ont une existence de fait qui peut produire des effets très importants (1).

Si elles ne peuvent agir devant nos tribunaux comme demanderesses, et cela est utile, car dans la crainte de ne pouvoir poursuivre ceux avec qui elle auront contracté, elles seront amenées à ne pas étendre leurs opérations, elles peuvent du moins être actionnées devant les tribunaux français. « Il serait exorbitant, disent avec juste raison MM. Lyon-Caen et Renault, qu'ils pussent invoquer une méconnaissance de la loi française pour se soustraire à leurs obligations, leur existence de fait doit suffire pour qu'elles puissent jouer en France le rôle de défenderesses (2). On a commis une véritable erreur en soutenant que ces sociétés ne peuvent pas plus être défenderesses que demanderesses devant nos tribunaux (3). Il résulte clairement de ce que nous venons de dire que ces sociétés pourront être déclarées en faillite. Il est bien certain d'ailleurs que c'est en la personne de leurs administrateurs que ces sociétés seront actionnées, et que c'est en tant que sociétés qu'elles seront déclarées en

1. Les sociétés françaises par actions, constituées irrégulièrement et par suite nulles, sont, elles aussi considérées comme sociétés de fait. Lyon-Caen et Renault, *op. cit.*, n° 785.

2. Cass., 19 mai 1865 (S. 65. 1. 333); 14 nov. 1864 (S. 65. 1. 125); Paris, 8 avril 1864 et 9 mai 1865 (S. 6⸳, ' 210.

3. Ballot, *Revue pratique de droit français*, XVII, p. 90 et suiv.

faillite, et non pas en la personne de chacun des actionnaires.

Avant de quitter cette question de la déclaration de
faillite tant des commerçants étrangers que des sociétés
étrangères en France, il nous faut dire quelques mots
d'une question qui lui est pour ainsi dire corrélative.
Le Français pourra-t-il, au regard de la loi française,
être déclaré en faillite à l'étranger ? Il est bien entendu
que ce n'est pas au point de vue des lois étrangères que
nous nous plaçons. Il nous faudrait faire toute une étude
de législation comparée, et ce n'est pas le but que nous
nous sommes proposé. Nous ne nous demandons pas si
telle ou telle législation étrangère permet de déclarer en
faillite un Français et à quelles conditions elle le permet.
Nous posons seulement la question de savoir si la loi
française reconnaîtra la déclaration de faillite d'un Français, prononcée à l'étranger.

D'après M. Dubois, la question se résoudrait par les
deux principes généraux suivants :

1° Un étranger peut et doit être déclaré en faillite hors
de son pays, s'il a effectivement son domicile dans le
principe où il est déclaré en faillite.

2° Toute règle reconnue applicable à la faillite d'un
étranger en France doit être tenue par les tribrnaux français comme applicable à la faillite des Français à l'étranger (1). Nous regrettons de ne pouvoir nous ranger à l'a-

1. Dubois sur Carle, note 50.

vis de M. Dubois, mais les principes généraux qui nous ont guidé jusqu'ici nous conduisent à un autre solution. Nous établirons d'une part qu'un jugement étranger ne pouvait avoir une autorité quelconque en France qu'après avoir été revêtu de *l'exequatur*.

Nous avons dit d'autre part que cette règle qui veut que la faillite soit déclarée par le tribunal du domicile du failli, nous ne la reconnaissions faites que pour la France.

En partant de ces principes, nous pouvons dire que la faillite d'un Français, déclarée à l'étranger ne sera jamais de droit reconnue en France. Il en sera de cette faillite, ni plus ni moins que de la faillite d'un étranger, déclarée à l'étranger, et nous verrons plus tard, les effets qu'elle peut produire en France.

Il y a même certains cas où la faillite d'un Français déclarée à l'étranger, ne pourra jamais être reconnue en France. Si par exemple un Français a été déclaré en faillite pour avoir fait des opérations réputées commerciales dans le pays où elles ont été faites, mais n'étant pas considérées comme telles par la loi Française. Si c'est par exemple en Italie où il se livre habituellement à l'achat et à la revente des immeubles. Si *l'exequatur* du jugement déclaratif de faillite est demandé en France, les tribunaux français ne pourront pas l'accorder. « Un tribunal français ne peut reconnaître la faillite que d'un individu qui est commerçant d'après nos lois ; il ne peut pas plus dans l'espèce déclarer exécutoire le jugement déclaratif qu'il

ne pourrait le prononcer ». Il ne pourrait pas plus condamner ce Français pour banqueroute simple ou frauduleuse, si de retour en France, ce Français était poursuivi
pour les faits que nous avons indiqués, devant les tribunaux français. « Le délit de banqueroute simple ou le
crime de banqueroute frauduleuse ne peuvent être commis que par un commerçant, art. 591 C. com. et, par cette
expression, la loi française entend naturellement un individu qui a cette qualité d'après ses propres dispositions » (1).

2. Lyon-Caen et Renault, *op. cit.* t. I, n° 211.

CHAPITRE II.

Jusqu'à présent nous n'avons examiné que des difficultés pouvant précéder une déclaration de faillite, nous
avons considéré l'hypothèse d'un tribunal à qui l'on viendrait demander de prononcer une faillite et qui, avant
de la prononcer aurait à se demander s'il est vraiment
compétent pour le faire. De la décision que ce tribunal
aura prise va dépendre la véritable et la plus grosse difficulté, que nous allons avoir maintenant à examiner. Ce
n'est plus une question préliminaire qui va se débattre,
c'est en face d'un fait accompli que nous allons nous
trouver, la faillite a été prononcée et par hypothèse, elle
a été prononcée à l'étranger, peu importe que ce soit un
étranger ou un Français qui ait été déclarés en faillite,
le fait est que la faillite a été déclarée à l'étranger, de
plus cet homme déclaré en faillite, possède des biens, a
des créanciers, dans un pays autre que celui où la faillite
a été déclarée, et par hypothèse encore, en France. Quels
vont être ses droits vis-à-vis de ces biens, quels pourront
être ses rapports avec ces créanciers, quels droits ces

créanciers eux-mêmes auront-ils vis-à-vis de lui, tels sont les points que nous aurons à élucider dans ce chapitre. Nous allons, pour la première fois, trouver face à face deux législations positives ; le tribunal d'un pays aura déjà prononcé un jugement, et un jugement déterminé, un jugement déclaratif de faillite, il nous faudra rechercher la valeur qu'il pourra avoir aux yeux de l'autre pays, et, ce ne sera pas tant à la plus ou moins grande diversité des législations qu'il faudra s'attacher pour régler le conflit, qu'à cette question plus générale, la question de l'autorité en France de la chose jugée à l'étranger. C'est ici qu'il nous faut faire une digression et nous prononcer sur l'autorité que l'on doit accorder en France au jugement prononcé à l'étranger.

Dire qu'un jugement a autorité de chose jugée, c'est dire qu'il peut être opposé par celui en faveur de qui il a été rendu, à l'encontre de quiconque voudrait remettre en question ce qui a été décidé par ce jugement et qu'il fait foi de ce qu'il énonce. C'est là un effet nécessairement attaché aux jugements, l'intérêt privé et l'ordre public exigent que ce qui a fait l'objet d'une décision judiciaire soit tenu pour vrai et que les mêmes parties ne puissent porter le même débat devant d'autres juges. Il ne faut pas que des hommes peu scrupuleux, irrités d'avoir perdu leur procès, cherchent à se venger de leurs adversaires en les citant à nouveau devant les tribunaux dans le seul but de leur créer des difficultés. Il faut craindre aussi les contrariétés de jugement qui pourraient se produire. Mais si cet effet appartient sans conteste aux décisions rendues par nos tribunaux français (art. 1351 C. civ.), la question est controversée, et au moins douteuse l'orsqu'il s'agit de décisions étrangères. L'autorité de la chose jugée telle qu'elle est attachée aux jugements français appartient-elle aux jugements étrangers, ont-ils une autorité moindre, n'ont-ils aucune autorité, telles sont les questions discutées depuis fort longtemps et sur lesquelles les auteurs et la jurisprudence ne se sont pas encore mis d'accord. Souvent la question se pose d'une manière un peu différente, elle est alors pour ainsi dire restreinte et en se demandant si les tribunaux français à qui un jugement étranger est présenté pour l'exgeuatur peuvent réviser ce jugement au fond on n'envisage qu'un des effets de l'autorité de la chose jugée.

Le jugement étranger peut-il avoir une valeur quelconque en France, voilà la véritable question. A quelles conditions aura-t-il cette valeur ? c'est ce qu'il faudra examiner si nous décidons qu'une autorité quelconque doit être accordée aux sentences étrangères.

Deux textes où nous devons chercher notre solution, l'article 546 du Code de procédure civile et l'article 2123 du Code civil.

Et bien, sans aucun doute, oui, les jugements étrangers peuvent avoir une autorité en France. Nous ne disons pas pour le moment quelle autorité ils peuvent avoir, nous ne disons pas que ce soit une autorité semblable ou même analogue à l'autorité de la chose jugée que comportent les jugements français, mais ce qui est incontestable c'est que les jugements étrangers, en tant que jugements peuvent ne pas être considérés en France comme inexistants et par eux-mêmes produire certains effets, nous dirons plus loin à quelles conditions. Nous ne prétendons pas que cette autorité leur soit reconnue par tous et tout de suite nous nous trouvons en présence d'une objection que nos adversaires considèrent comme capitale, les textes sont muets, disent-ils, aucun n'accorde une autorité quelconque aux jugements émanant de tribunaux étrangers dès lors, il faut s'en rapporter aux principes généraux. Or, un principe reconnu par tous, c'est le principe de l'indépendance des États les uns à l'égard des autres. Un jugement est l'œuvre de la puissance publique d'un pays et les actes d'une souveraineté ne peuvent avoir d'effet au delà de ses limites ; ces limites, c'est son territoire ; donc inexistence complète en France d'un jugement étranger. On ne saurait lui reconnaître aucune valeur, c'est comme s'il n'était pas (1).

A cette objection si forte aux yeux de nos adversaires, la réponse 'est facile, et cette réponse se trouve dans les textes eux-mêmes. Les principes généraux du droit international public s'opposent, dit-on, à ce que les actes émanant d'une autorité étrangère ou passés devant elle, aient aucun effet en France. C'est là une simple affirmation. Les États peuvent adopter ce principe et aussi

1. Paris, 15 juin 61 ; D. 61, 2, 177 ; Cas. 10 mars 63 ; D. 68, 1. 81.

l'écarter. Or la législation française n'a pas adopté ce principe, la preuve en est que pour les actes authentiques, on admet qu'ils ont autorité en France. Pourquoi en serait-il autrement en ce qui concerne cet autre acte authentique qu'on appelle un jugement ? Si le principe de l'indépendance des Etats ne s'impose pas en matière d'acte authentique pourquoi s'imposerait-il ici ?

La souveraineté d'un Etat n'est pas violée alors qu'elle même accord autorité à un acte émanant d'une souveraineté étrangère. Il n'y a aucune usurpation de droit là où s'exerce le libre consentement et une nation peut toujours refuser demain ce qu'elle accorde aujourd'hui. Certes ce serait empiéter sur la souveraineté d'un état que de lui imposer de reconnaître autorité chez lui aux sentences d'un autre état, mais si, pour des raisons que nous n'examinerons pas ici ; il accorde de lui-même cette autorité, si le législateur le dit expressement dans la loi, qui pourrait soutenir qu'en appliquant la loi, on viole un principe du droit des gens. Or le législateur de 1804 a expressément renoncé à se prévaloir de ce principe de droit des gens qui consiste à ne reconnaître aucune autorité aux sentences d'une puissance étrangère, il y a renoncé en disant que l'hypothèque ne peut résulter des jugements rendus en pays étranger qu'autant qu'ils ont été déclarés exécutoires par un tribunal français (Art. 2123. C. civ.) Dès l'instant que c'est le jugement étranger qu'on déclare exécutoire c'est qu'on lui reconnaît une certaine autorité. Le rendre exécutoire, c'est dire qu'il existe, c'est dire que c'est à lui jugement étranger que seront attachés certains effets. Mais à quelles conditions va-t-il exister ? à quelles conditions va-t-il produire ses effets, voilà cequ'il importe maintenant de savoir, car si nous avons reconnu autorité au jugement étranger, nous avons déclaré ainsi que cette autorité n'était pas celle que nous reconnaissions à un jugement fançais, il ne suffira pas qu'on vienne nous opposer une sentence étrangère pour que aussitôt nous nous inclinions et nous soumettions sans contrôle à ce qu'elle aura décidé. En disant que nous accordions autorité au jugement étranger, en démontrant que le législateur avait admis ce principe, nous n'avons pas entendu dire que de plein droit ce jugement ferait foi égard des français. Pour que ce jugement prenne corps à nos yeux pour qu'il ait une valeur quelconque, pour qu'il puisse être opposé à juste titre et qu'on puisse se prévaloir de ce qu'il décide, il faut qu'il ait subi une sorte de contrôle de la part de la souveraineté française, ce contrôle, c'est *l'exequatur*. Avant d'avoir été revêtu de *l'exequatur*, le jugement étranger n'aura aucune valeur en France Après *l'exequatur* au contraire il aura autorité. C'est là la condition nécessaire et suffisante pour qu'un jugement étranger puisse être considérée en France comme valable. *L'exequatur* sera le souffle qui donnera la vie à ce jugement.

Mais quelle sera la mission de ce tribunal français

chargé de rendre éxécutoire le jugement étranger ? C'est ici que nous voudrions faire parler les textes, que de controverses auraient été évitées, que de discussions de moins parmi les auteurs, que d'incertitudes disparues des décisions de la jurisprudence si l'art. 2123 du Code civil avait dans un dernier paragraphe exprimé clairement la pensée du législateur au sujet de *l'exequatur* à donner au jugement étranger.

En Italie par exemple l'art. 10 des dipositions préliminaires du Code civil de 1865 est ainsi conçu. « Les jugements rendus par une autorité étrangère en matière civile auront exécution dans le royaume quand ils auront été déclarés exécutoires dans les formes établies au code de procédure civile. »

Et l'article 941 du code de procédure civile (1865) nous indique quelles sont ces formes :

« La force exécutoire est donnée aux jugements des autorités judiciaires étrangères par la cour d'appel dans le ressort de laquelles ils doivent être exécutés après une instance en exequatur (*Giudizio di delibozione*) où la cour examine ;

1° Si le jugement a été prononcé par une autorité judiciaire compétente :

2° S'il a été rendu les parties citées régulièrement.

3° Si les parties ont été légalement représentées ou légalement défaillantes.

4° Si le jugement contient des dispositions contraires à l'ordre public ou au droit public interne du royaume.

Mais c'est en vain que nous fouillons les textes de notre code de procédure et de notre code civil, pas s un ne nous indiquera d'une façon précise ce que devra faire le tribunal à qui cette question de l'exequatur sera soumise. Il nous faut donc revenir aux principes et nous en tenir strictement à ce que commandent la raison et l'équité. Il nous faut rechercher quelle a été l'intention du législateur de 1804 en accordant comme nous l'avons démontré autorité aux jugements étrangers. Il faut nous pénétrer de cette idée qu'à cette époque il ne pouvait pas être porté à une sympathie profonde à l'égard de l'étranger, une sympathie qui aurait pu lui faire négliger l'intérêt bien entendu de ses nationaux. Et que s'il se décidait à reconnaître en France la valeur des sentences étrangéres, ce n'était qu'avec la certitude que ces sentences ne sauraient rien contenir de contraire aux principes de souveraine justice émis alors par notre code civil. Il faut songer que si le législateur a pu admettre un principe que beaucoup ont considéré comme une atteinte portée à la souveraineté nationale, il n'a pu vouloir lier les mains à nos tribunaux et les contraindre à faire exécuter une sentence qu'ils n'auraient pas rendue telle qu'elle devrait être exécutée. Il lui fallait une solide garantie pour donner la vie à un jugement étranger. Cette garantie, il l'a placée dans l'exequatur qui doit être demandé aux tribunaux français.

Ainsi, aucune autorité sans *exequatur*, pleins pouvoirs aux tribunaux pour accorder ou refuser cet *exequatur*, liberté pleine et entière dans la question de savoir s'ils doivent l'accorder ou le refuser. Gardiens des lois et de la justice françaises, eux seuls auront pouvoir de décider si sans commettre une injustice, la nation française pourra laisser exécuter sur son territoire une sentence rendue par une justice étrangère. La cause devra être portée devant le tribunal français tout comme elle l'a été devant le tribunal étranger. Devant lui, les deux adversaires auront le droit de faire valoir toutes leurs raisons, d'apporter à l'appui de leurs dires toutes les preuves qu'ils auront pu réunir, de faire entendre des témoins, de faire plaider des avocats, et ces derniers n'auront pas seulement à démontrer que l'affaire a été soumise au tribunal étranger, que le défendeur a été régulièrement cité, que le tribunal qui a jugé était bien compétent pour le faire, qu'il a rendu un jugement régulier dans la forme, non, ils devront, devant les juges français débattre l'affaire au fond telle qu'elle a été déjà débattue devant les juges étrangers, et dans ce débat, où tout leur sera remis sous les yeux, où tous les faits capables de faire pencher la balance d'un côté ou d'un autre leur seront soumis, où tous les moyens anciens et peut-être même des moyens nouveaux seront employés, les juges français devront s'efforcer de démêler la vérité et si alors, le jugement étranger qu'on est venu leur soumettre leur paraît conforme à cette vérité, alors seulement il devront en ordonner l'*exequatur*, si au contraire, l'affaire leur paraît mal jugée au fond, ou même sur le moindre point de détail, alors au contraire ils refuseront de laisser exécuter en France ce qui à leurs yeux ne serait pas la saine justice.

Et le véritable motif, c'est que la raison, l'équité confèrent là un droit au tribunal français, droit que le texte ne lui enlève pas. Il serait inadmissible de soutenir que si les jugements étrangers ont une certaine force de chose jugée, ils l'ont par eux-mêmes pleine et entière. Il y a des civilisations inférieures qui ne nous donnent aucune garantie de bonne justice, comment admettre que leurs décisions devraient être exécutées chez nous, et exécutées avec l'autorisation de nos magistrats. Nous nous refusons à concevoir l'hypothèse d'un tribunal français forcé de déclarer un jugement étranger exécutoire, alors que s'il avait eu à juger le procès, il aurait rendu sa sentence d'une façon toute autre. Une décision judiciaire est juste ou injuste, suivant qu'elle est rendue dans un sens ou dans l'autre. C'est là une formule absolue, et alors que des juges auront la conviction qu'il est injuste de juger de telle ou telle façon peut-on concevoir que ce soient eux qui donnent au jugement la sanction nécessaire pour qu'il soit exécuté. Qu'on ne vienne pas nous dire que le juge n'ayant à examiner que certaines conditions de forme ne devrait pas s'apercevoir si la sentence est juste ou injuste au fond ! S'il ne s'en apercevait pas, il n'en serait pas moins regrettable que la nation française consacrât une injustice, et s'il s'en apercevait, ne serait pas un juge digne de ce nom celui qui voyant une sentence rendue contre sa conscience, et contraint de la faire exécuter se soumettrait à une pareille contrainte. Et si l'on nous objecte que les civilisations inférieures sont aujourd'hui l'exception et que la plupart des nations étrangères, ont des tribunaux dans lesquels on peut avoir toute confiance, nous répondrons qu'une erreur est toujours possible pour n'importe quel juge et qu'il serait regrettable de se trouver dans l'impossibilité d'y parer. Les textes même d'ailleurs nous confirment ce pouvoir donné aux tribunaux de refuser l'*exequatur* pour n'importe quel motif. S'il s'agit d'*exequatur* à donner à une sentence arbitrale, une ordonnance du président du tribunal suffit et l'article 1020 du Code de procédure civile dit que l'*exequatur sera donné*. Le texte paraît bien ici refuser au président du tribunal le droit d'examiner la sentence, il n'a qu'une simple formalité à remplir pour ordre : donner l'*exequatur*. Ce n'est pas ainsi que parlent les articles 546 du Code de procédure civile et 2123 du Code civil. Ces articles exigent l'intervention des tribunaux, ils leur reconnaissent le droit de refuser l'*exequatur* ils ne peuvent pas avoir limité les motifs de leur refus.

Au système que nous soutenons on fait aussitôt une objection que nos adversaires croient sans réplique parce que, disent-ils elle est tirée des textes, et les textes ne disant pas grand chose, au moins ne faut-il pas encore écarter ce qu'ils énoncent clairement. Vous parlez d'accorder aux tribunaux français le droit de révision, nous dit-on ; mais le premier effet de cette révision, si elle est exercée, va être de faire disparaître le jugement étranger, or l'article 2123 nous dit expressément que c'est le jugement étranger qui sera rendu exécutoire. Les juges français, après avoir révisé la sentence, feront bien exécuter un jugement, mais ce jugement sera le leur et plus du tout celui rendu par le tribunal étranger.

La réponse est bien facile et il suffit, pour convaincre nos adversaires que leur objection est mal fondée, de faire un peu de terminologie. Il suffit de s'expliquer clairement et de s'entendre sur le sens à donner aux mots réviser et de plus de fixer quelles seront les conséquences de cette révision.

Dire que le tribunal français, auquel un jugement étranger est déféré pour se voir revêtu de la formule d'*exequatur*, a tous les pouvoirs et par conséquent celui de réviser, c'est bien dire évidemment que ce tribunal aura le droit de se faire une opinion sur le fond de l'affaire. C'est dire aussi que cette opinion pourra être contraire à celle des juges étrangers ; mais est-ce nécessairement dire que le jugement étranger disparaîtra ? Le mot réviser ne peut-il se séparer du mot remplacer ? et comment peut-on conclure de là que ce n'est pas le jugement étranger qui sera rendu exécutoire, si toutefois l'*exequatur* est accordé. Supprimons le, ce mot réviser s'il peut prêter à une amphibologie. Mais ce que nous tenons nettement à établir c'est ceci : Si l'opinion des juges français est analogue à celle des juges étrangers, s'ils considèrent que l'affaire a été bien jugée, ils accorderont l'*exequatur* au jugement étranger, ainsi que le dit l'article 2123 du Code civil, et nous serons pleinement dans les termes de l'article, ce sera bien le jugement étranger qui sera déclaré exécutoire ; il ne sera pas remplacé par un autre, les juges, après examen, étant convaincus qu'il n'y a aucun inconvénient à permettre que la sentence étrangère conserve sa valeur en France.

Si au contraire ils considèrent que le jugement a été mal rendu, s'ils trouvent la solution étrangère opposée à celle qu'ils auraient donnée eux-mêmes, si tout ou partie seulement de la sentence leur paraît contraire à l'équité, il se borneront à refuser l'*exequatur* et là encore nous serons dans les termes de l'article 2123 du Code civil. Cet article laisse parfaitement au tribunal la latitude de refuser l'*exequatur*, le jugement étranger ne leur paraissant pas conforme à l'équité, ils ne font qu'user de leur droit en ne le déclarant pas exécutoire. Le résultat de la révision sera le refus de l'*exequatur*, chose absolument permise par les textes, mais pas du tout le remplacement du jugement étranger par un jugement français. L'*exequatur* est accordé et alors c'est le jugement étranger qui est mis en œuvre, ou bien il est refusé et c'est encore la loi qui est appliquée, mais jamais le juge français ne substitue sa décision à la décision étrangère, l'objet de i'instance est le suivant : l'*exequatur* doit-il ou

non être accordé ? mais tous les motifs peuvent influer
sur la décision des juges.

Il est vrai que la jurisprudence partant d'abord du point
de vue auquel nous nous sommes placé, est arrivée à dire
que le tribunal devait réviser, c'est-à-dire corriger d'après
ses propres vues la sentence des juges étrangers (1).

La cour de Paris dans un arrêt du 7 février 1880 s'ap-
puie en partie sur les motifs que nous avons donnés,
pour décider que le tribunal français saisi d'une demande
afin de rendre exécutoire la décision d'un tribunal étranger a le droit de la vérifier au fond, voici ces motifs :

« Considérant qu'aux termes des articles 2123 du Code
civil et 546 du Code de procédure les jugements rendus
par les tribunaux étrangers ne peuvent être exécutés en
France qu'autant qu'ils ont été rendus exécutoires par
un tribunal français ; que l'on ne saurait restreindre le
sens et la portée du texte de l'article 2123 de telle sorte
que l'intervention nécessaire du tribunal français doive
être renfermée dans les bornes d'une simple ordonnance
d'exécution, mais qu'il implique, au contraire, pour lui,
le droit d'examiner le fond du litige et de vérifier les mo-

1. Cass. 10 avril 1819 ; S. 1819, 1. 288 ; Paris, 8 août 1866, S.
67, 2, 101 ; Paris, 6 janvier 1848 ; S. 68, 2, 100 ; Paris, 11 mai
1868 ; S. 69, 2, 10 ; Paris 17 janvier 1872 ; S. 72, 2, 238 ; Lyon, 1er
juin 1872 ; S. 72, 2, 174 ; Cass. 16 juin 1875 ; S. 76, 1, 213. Cass.
28 juin 1881 ; D. 81, 1, 337 ; Cass. 21 août 1882 ; S. 84, 1, 425 ;
Toulouse, 4 février 1886 ; *Journal de droit international privé*, année
1886, p. 332. *Contrà* : tribunal de Laon, 21 juillet 1890, *Journal
de droit international privé* année 1890, p. 909).

tifs sur lesquels est basée la sentence du juge étranger.

Que si en effet le législateur avait pensé qu'il n'y avait lieu en cette matière qu'à l'accomplissement d'une pure formalité, consistant invariablement dans l'adjonction à une décision judiciaire émanée d'un tribunal étranger d'une formule destinée à assurer son exécution, il se fût borné à prescrire qu'il suffisait d'une ordonnance rendue par le président du tribunal civil seul, ainsi que l'exige l'article 1020 du Code de procédure civile au cas où il s'agit de pourvoir à l'exécution d'une sentence arbitrale, et sans qu'il soit possible à ce magistrat de la refuser, ainsi qu'il résulte des termes impératifs de l'article 1021.

Que loin de là, dans les cas prévus par les articles 546 et 2133 précités, c'est au tribunal tout entier qu'il appartient de déclarer exécutoire le jugement du juge étranger et que la loi lui laisse le droit de ne pas prononcer cette déclaration et confirme par là son droit de juger.

Qu'ainsi d'une part le droit de juridiction attribué à l'ensemble du tribunal et d'autre part celui de juger qui ne saurait se concevoir sans la connaissance préalable et approfondie de la cause déterminent clairement le caractère et l'étendue de la mission du tribunal français qui n'est aucunement diminuée ni entravée par la décision du juge étranger puisqu'il reste investi de la faculté de la réviser (1).

1. *J. de dr. int. privé*, 1880, p. 584.

C'est quand elle parle de ce droit de juger, que la Cour de Paris se trompe, c'est là qu'elle tire des textes plus qu'ils ne contiennent, le seul droit de juger qu'ont les tribunaux en cette matière est le droit de juger si *l'exequatur* doit être accordé ou refusé mais non pas de rendre un jugement dans l'affaire entre les parties. Et nous voyons clairement dans un rapport de M. le conseiller à la cour de cassation Féraud Giraud les conséquences que la jurisprudence Française entend tirer de sa théorie.

« Le pourvoi pour soutenir son système fait remar-
« quer, dit l'éminent magistrat, qu'en ordonnent l'exé-
« cution en France d'un jugement étranger susceptible
« de réformation la justice française serait exposée,
« si cette réformation intervenait, ou à rétracter sa pre-
« mière décision, ce qui serait contraire aux pouvoirs
« des tribunaux relativement aux décisions qu'ils ont
« rendues, ou à maintenir en France une force exécu-
« toire à un jugement étranger annulé. L'objection serait
« sérieuse si les principes que le mémoire pour lui-même
« relativement à l'exécution en France des jugements
« des tribunaux étrangers, n'étaient pas admis tels que
« nous les avons rappelés nous-mêmes et tels qu'il en ré-
« clame l'application.

« Oui, si le tribunal français n'a qu'à donner un sim-
« ple visa ou *pareatis*, le pourvoi a raison ; oui, il a raison
« s'il suffit que le tribunal français, sans examen du fond,
« en droit et en fait se borne à apprécier si le jugement
« du tribunal étranger ne renferme aucune disposition

« contraire à l'ordre public et au droit public français.

« Mais si l'exécution ne doit être ordonnée qu'après
« révision, en fait et en droit, c'est-à-dire après examen de
« l'affaire en entier et déclaration par les tribunaux
« français qu'elle a reçu en droit et en fait, les solutions
« qu'elle devait recevoir, que deviennent les considérations
« présentées par le pourvoi ? La justice française aura
« prononcée elle-même une décision sur la contestation et
« quoi qu'il arrive à l'avenir, cette décision subsistera
« et devra justement subsister avec tous les effets d'une
« décision rendue par les tribunaux français ; parce que
« lorsque la justice Française aura déclaré qu'une sen-
« tence a bien apprécié le droit et le fait que cette sen-
« tence est non seulement régulière mais juste et légale
« et qu'à ce titre, elle doit recevoir exécution et lors-
« qu'elle l'aura dit à tous les degrés de juridiction, la
« justice Française aura définitivement jugé le procès,
« épuisé ses pouvoirs, et qu'elle ne pourra plus rendre
« un autre jugement.

« Il y a de la part du tribunal français un jugement
« sur le fond même du procès qui se suffit à lui-même
« et se substituer au jugement étranger. » Cass. 28 juin
1881, D. 1881, 1, 337.

Ce n'est pas le cas ici de discuter la question visée dans
le rapport de M. le conseiller Féraud Giraud ; nous vou-
lions seulement mettre en lumière les conséquences que
tire une jurisprudence constante du droit reconnu par
elle aux tribunaux, droit que nous avons reconnu nous

même et que nous considérons comme essentiel d'examiner le fond du procès, dans une instance en *exequatur*, mais malgré l'immense autorité attachée aux décisions de la cour suprême, malgré le puissant appui qu'apporte à cette opinion le remarquable rapport de M. le conseiller Féraud-Giraud nous ne croyons pas pouvoir admettre des conséquences qui selon nous seraient contraires et au texte de la loi et à la pensée du législateur. C'est le jugement étranger qui doit être déclaré exécutoire si le tribunal français estime que ce jugement ne contient rien de contraire au droit, à la justice, à l'équité mais il n'a pas pouvoir de substituer à ce jugement sa décision propre.

Mais nos adversaires vont jusqu'à prétendre, qu'adopter le système que nous soutenons, c'est encourager la fraude et favoriser la mauvaise foi (1). En d'autres termes, d'après eux, un homme qui aurait perdu un procès à l'étranger pourrait, en se réfugiant en France dans le but d'éviter d'exécuter le jugement rendu contre lui, se soustraire à toutes les conséquences de ce jugement. Nous avouons ne pas saisir très bien la portée de cette objection. Comment supposer d'abord qu'un homme ira quitter son pays, abandonner toutes ses affaires pour se soustraire à un jugement prononcé contre lui. De plus, son adversaire n'aura qu'à demander aux tribunaux français l'*exequatur* pour ce ju-

1. Bonfils, *Compétence des tribunaux français à l'égard des étrangers.*

jugement, si les tribunaux français refusent de l'accorder, c'est que le jugement aura été mal rendu, qu'il sera contraire à la justice, il sera tout naturel alors qu'il ne reçoive pas exécution en France; si non les tribunaux français le déclareront exécutoire. Nous ne voyons là aucune fraude facilitée, aucune mauvaise foi secourue.

Reste la question du droit de rétorsion. Nous avons tout à craindre, dit-on, des juges étrangers si nous décidons que leurs sentences doivent être examinées au fond par nos juges français. On usera de représailles envers nous, et les jugements français seront très difficilement déclarés exécutoires à l'étranger (1). Nous reconnaissons que l'objection à sa valeur. Mais ne serait-il pas plus dangereux de s'engager à déclarer toujours exécutoires tous les jugements étrangers sous certaines conditions de formes que de s'exposer à l'inconvénient de voir nos jugements français revisés à l'étranger, inconvénient auquel on peut toujours remédier par des traités. Nous avons exposé les motifs qui ont entraîné notre décision et nous croyons ces motifs assez sérieux pour l'emporter sur l'inconvénient qu'on nous signale.

Bien d'autres opinions ont été émises sur cette question de l'autorité à accorder à la chose jugée à l'étranger. Nous ne mentionnerons ici que celles qui peuvent avoir quelque valeur, tout au moins par le nom des auteurs qui les ont soutenues.

1. Labbé, note dans Sirey. 63 1. 61.

On a prétendu que l'article 121 de l'ordonnance de 1629 du code Michau, qui autrefois faisait autorité en la matière, était encore en vigueur. « Les jugements rendus, contrats ou obligation reçues ès royaumes et souverainetés étrangères pour quelque cause que ce soit, n'auront aucune hypothèque ni exécution en notre dit royaume, ains tiendront les contrats lieu de simples promesses et nonobstant les jugements, nos sujets contre lesquels ils auront été rendus pourront de nouveau débattre leurs droits comme entiers par devant nos officiers » (1).

Ainsi d'après les auteurs qui soutiennent que cet article est encore en vigueur, il faudrait distinguer : ou le jugement ne porte pas préjudice à un français, dans ce cas, le jugement a autorité pleine et entière de chose jugée, il ne lui manque que la force exécutoire. Le tribunal auquel l'*exequatur* sera demandé, devra laisser le jugement intact quand au fond, il n'aura pas le droit d'examiner si en fait ce jugement a été bien ou mal rendu. La seule chose qu'il ait à voir, c'est si le jugement a été régulièrement rendu, c'est-à-dire, s'il est conforme aux règles usitées dans le pays où il a été prononcé, si ce jugement ne contient rien de contraire au droit public français ou à l'ordre public en France.

Si au contraire, le jugement a été rendu contre un français, le jugement sera complètement écarté et il sera rendu un nouveau jugement sur le fond même d. l'affaire

1. Valette, *Rev. de dr. fra. et étr.* 1840, t. 6. p. 507, Félix et Demangeat, 2, p. 82. Dalloz, *Rép.* v° . *droit civil* n° 410.

On se demande comment on a pu soutenir que cet article 121 de l'ordonnance de 1629 était encore en vigueur en présence de l'article 7 de la loi du 30 ventôse de l'an XII d'après lequel les matières qui sont traitées par le Code et qui l'étaient dans les ordonnances sont régies par le Code.

Mais on répond que la matière dont il s'agit n'a pas été traitée par le Code civil. L'article 121 de l'ordonnance de 1629 comprend, dit-on, deux parties : l'une sur l'hypothèque et la force exécutoire, l'autre touchant l'autorité de la chose jugée. Les articles 2123 du code civil et 546 du Code de procédure civile ont abrogé l'ordonnance en ce qui concerne l'hypothèque et la force exécutoire, mais non en ce qui concerne l'autorité de la chose jugée.

Ce raisonnement est loin d'être exact. Il considère comme matière non traitée par le Code tel ou tel point qui n'a pas été traité formellement. Il ne suffit pas, pour dire qu'une matière n'a pas été traitée par le Code, que l'un quelconque des détails de cette matière ait été passé sous silence. Il faut que l'ensemble de la matière n'ait pas été touché. Sans cela, il faudrait bien des fois se reporter aux ordonnances. Le législateur a dit que les ordonnances sont maintenues quant aux matières non traitées par le Code. La matière des jugements étrangers comprenait divers points traités par l'article 121 de l'ordonnance de 1629. Or cette matière a été traitée par les articles 2123 du Code civil et 546, du Code de procédure civile. Ils ont parlé en effet de l'efficacité des juge-

ments étrangers, donc en cette matière les anciennes ordonnances doivent être abrogées.

D'autres auteurs, et ce ne sont pas les moins considérables, ont soutenu, comme nous, que l'ordonnance de
1629, était bien abrogée, mais que les jugements étrangers devaient avoir force de chose jugée pleine et entière
en France. Tout ce qu'ils accordent aux tribunaux auquel est demandé l'exequatur, c'est le droit d'examiner
si le jugement est régulier, authentique, s'il émane d'un
tribunal compétent, enfin s'il n'est pas en contraduction
avec des règles d'ordre public. Ces questions une fois
résolues, le jugement étranger devra nécessairement recevoir force exécutoire sans que les juges aient le droit
d'examiner s'il a été bien ou mal rendu (1). Nous avouons
ne pas très-bien saisir les arguments sur lesquels on se
fonde pour forcer les tribunaux français à accorder l'exequatur à certaines conditions et leur retirer ainsi le droit
de rendre leur décision en toute connaissance de cause.

On invoque l'article 2123, qui reconnait l'autorité de
chose jugée aux jugements étrangers en leur permettant
de recevoir l'exequatur. On ajoute que cet article est contraire à l'idée de révision, de substitution d'un jugement
français au jugement étranger.

Nous croyons avoir démontré qu'en adoptant notre
manière de voir, il n'était nullement question de remplacer le jugement étranger par un jugement français. Nous

1. Labbé, *loc. cit.* Weiss. Dubois sur Carle.

avons dit aussi que tout en reconnaissant une certaine autorité de chose jugée aux jugements étrangers, nous ne pouvions la leur accorder pleine et entière. Il n'est pas admissible que les jugements étrangers s'imposent à nous, il faut pouvoir examiner s'ils sont manifestement contraires à l'équité.

Nous le répétons : les jugements étrangers pourront avoir une certaine valeur en France, mais seulement après avoir obtenu l'exequatur, et les tribunaux français chargés de leur accorder ou de leur refuser cet exequatur, pourront, pour rendre leur décision, s'inspirer de tous les motifs que leur paraîtront justes et équitables. Les seules limites de leur pouvoir seront la loi et l'équité.

Nous avons peut-être un peu longuement pris parti sur cette importante question de la chose jugée à l'étranger, nous pouvons maintenant, en toute connaissance de cause, étudier les effets que produira en France une faillite déclarée à l'étranger.

Nous allons nous trouver aux prises avec de belles et grandes idées, nous aurons présent à l'esprit le souvenir de théories, de doctrines larges et éclairées et dont nous nous ferons un devoir de parler plus tard. Mais nous ne craignons pas de le dire, il nous faudra faire effort sur nous même pour chasser de l'esprit ce rêve, agréable sans doute, au point de vue tout esthétique, mais qui n'est en somme qu'un rêve. Il nous faudra renoncer à créer, pour considérer uniquement ce qui est, et en droit, ce qui est doit être observé sans conteste. Nous ne devrons pas nous arrêter à des considérations, peut-être d'ailleurs un peu trop *philantrophiques*, et nous devrons dans tous les cas nous garder de prendre nos désirs pour des réalités et de ne chercher qu'une chose en examinant des textes : les interpréter en notre faveur.

Nous supposerons un commerçant déclaré en faillite à l'étranger, le jugement déclaratif a été prononcé, les syndics nommés, les créanciers étrangers font tout le nécessaire pour arriver à une solution de la faillite, mais ce commerçant n'a pas borné ses opérations au pays où il a été déclaré en faillite, il a des créanciers en France, il y a aussi des biens que les créanciers français ont toujours considéré comme leur gage. Quels effets le jugement déclaratif de faillite prononcé à l'étranger va-t-il produire en France ? Les effets du jugement déclaratif sont en général de différente nature, et s'il s'agissait d'une faillite déclarée en France nous n'aurions qu'à nous reporter aux article 443 à 448, du Cod. com., pour les déterminer avec certitude. En France, après le jugement déclaratif, le dessaisissement du failli est opéré ; des poursuites individuelles ne peuvent plus être intentées contre lui ; les dettes non échues deviennent exigibles (art. 444. C. com.); toute créance qu'on peut avoir vis-à-vis du failli cesse de produire des intérêts à l'égard de la masse (art. 445, C. com.) ; aucune hypothèque particulière ne peut plus être inscrite (art. 448. C. com.);certains actes faits par le failli même avant le jugement déclaratif sont nuls de droit ou annulables. Enfin tout le patrimoine du failli est confié au syndic, c'est lui qui s'occupe de toute l'administration des biens, qui touche toutes les créances, qui intente toutes les actions en justice, et qui défend à toutes celles qu'on intente contre le failli, en un mot, c'est le syndic qui représente le failli pour tous les actes de sa vie commerciale. Nous reprendrons successivement ces effets pour le jugement déclaratif étranger et nous verrons s'il peuvent se produire, soit tous, soit quelques-uns d'entre eux ; nous verrons enfin, si ce jugement déclaratif étranger met obstacle à ce que le commerçant étranger qui a été l'objet d'une déclaration de faillite dans son pays, puisse être à nouveau déclaré en faillite en France.

Tout d'abord, nous tenons à établir que le jugement déclaratif de faillite est vraiment et à proprement parler un jugement, de telle sorte qu'il aura besoin d'être déclaré exécutoire, mais qu'une fois rendu exécutoire, il aura tous les caractères et tous les effets d'un véritable jugement.

« Le jugement déclaratif, dit M. Carle, (1), ne peut être regardé ni comme un simple acte de juridiction volontaire, ni spécialement comme la forme authentique d'un simple mandat confié aux syndics. Il doit être tenu pour un jugement véritable, proprement dit, et rendu en matière contentieuse (2). Que ce jugement intervienne à la requête du failli qui dépose son bilan, ou à celle des

1. Carle. *op. cit.*

2. Cour de cassation de Turin, 13 avril 1867, Guirisprudenza, IV, 289.

créanciers qui provoquent la mise en faillite, la vérité est que la déclaration de faillite, en tant qu'elle a un caractère propre, peut faire l'objet de graves débats entre le débiteur et les créanciers, comme le prouvent les nombreuses décisions judiciaires qui ont été rendues relativement aux conditions requises pour une déclaration de faillite. Il ne sert de rien de distinguer le cas où le failli s'est opposé à la déclaration et celui où il y a adhéré. En effet, s'il n'a pas formé opposition, il avait le droit de le former. Il est donc dans la situation du défendeur qui se laisse condamner sans se défendre, soit parce qu'il ne veut pas le faire, soit parce qu'il n'a pas de moyen de défense à faire valoir. Or, on n'a jamais soutenu que le jugement intervenu contre un pareil défendeur change de nature et cesse d'être une véritable condamnation en matière contentieuse. »

Tous les effets que produit en France le jugement déclaratif de faillite, tant ce qui touche la personne du failli qu'en ce qui concerne ses biens, la nullité qu'on doit prononcer ou qu'on peut prononcer à l'égard de certains actes, la cessation des poursuites individuelles prouve bien que c'est là un véritable jugement. C'est donc en vain qu'on prétendrait que ces effets ne doivent pas être réglés comme sont réglés en France les effets des autres jugements étrangers. Il n'y a aucune différence à faire entre un jugement quelconque et un jugement déclaratif de faillite. Les principes que nous avons émis relativement à l'autorité de la chose jugée à l'étranger, les règles que nous avons cru devoir appliquer aux sentences étrangères seront donc absolument les mêmes pour les jugements déclaratifs de faillite étrangers.

Il nous faut maintenant reprendre chacun des effets que nous voyons produire en France au jugement déclaratif de faillite français et examiner ce qu'il en sera au cas de jugement déclaratif étranger.

Dessaisissement. Le dessaisissement tout d'abord se produira-t-il en France ? Les anciens jurisconsultes s'exprimaient d'une façon fort énergique relativement à la condition du failli. *Casaregis* compare la déconfiture à la mort naturelle. *De Jorio* (1) la considère comme une mort civile ; *de Luca*, *Ansalde* et *Stracca* font du failli un interdit. Aujourd'hui, nous disons seulement que le failli est dessaisi, c'est-à-dire qu'il n'a plus le droit de faire aucune opération concernant son commerce ou autre.

S'il lui reste des biens, il ne saurait en rien en disposer d'une façon quelconque. Impossibilité absolue pour lui de les vendre, de les donner, de les hypothéquer, de consentir un échange ; ces biens sont le gage de ses créanciers et c'est justement parce que ses créanciers l'ont trouvé incapable de les bien administrer, ou qu'il l'a reconnu lui-même, que la faillite a été prononcée. De même, il ne peut faire aucun contrat, aucune opération commerciale alors même qu'elle ne se rapporterait en

____

1. De Jorio : dello Decozione.

rien à son commerce primitif. Qu'aurait-il à offrir comme garantie aux personnes qui contracteraient avec lui ? Son passif est est supérieur à son actif et les créanciers qui ont fait déclarer la faillite sont bien aises de ne pas voir après coup d'autres créanciers venir diminuer d'autant le peu d'actif qu'il auront à partager. Il ne peut même plus toucher ce qu'on lui doit, il ne peut pas en donner quittance. Payer entre les mains du failli, ce serait s'exposer à payer deux fois. Il est obligé de rester spectateur alors que sa propre maison de commerce continue à fonctionner ou tout au moins à faire certaines opérations. Il est étranger à ses propres affaires ; il conserve tous les droits qui lui appartiennent en qualité d'homme et de membre d'une famille ; seulement ses actes restent sans effet en ce qui concerne ses biens qui passent en quelque sorte à ses créanciers (1). Aussitôt après le jugement déclaratif jusqu'au moment où la faillite est arrivée à une solution, le failli ne peut disposer de rien, ne peut rien entreprendre parce qu'il n'a la libre disposition de rien. S'il en était autrement, ce serait aller contre le but de la faillite ; elle a été justement organisée pour mettre de l'ordre dans les affaires du failli et arriver à l'égalité entre ses créanciers, il ne faut pas qu'il puisse continuer le désordre qu'il avait créé et rompre cette égalité par des actes peut-être frauduleux. Voilà pour une faillite

1. Cassation de Turin, 18 décembre 1860 Giurisprudenza, V. p. 104.

déclarée en France ; mais si la faillite est déclarée à l'étranger, le failli sera-t-il non seulement dessaisi dans le pays où sa faillite aura été prononcée, mais le sera-t-il aussi en France ?

S'il a des biens en France, perdra-t-il toute autorité sur ces biens, en perdra-t-il la libre disposition ?

S'il se livrait en France au commerce, ne pourra-t-il pas continuer à le faire, et s'il veut passer en France un contrat en sera-t-il empêché ? En un mot, dépouillé dans son pays de toute autorité sur ses biens, dans l'impossibilité absolue de faire aucun acte qui engage son actif, aura-t-il en France la même situation, et les syndics de sa faillite à l'étranger pourront-ils réclamer ses biens situés en France pour les joindre à la masse de ses biens formée à l'étranger ? Nous sommes intimement convaincu qu'en l'état actuel de notre législation, alors que nous ne nous trouvons en présence que des textes de la loi et qu'aucun traité entre deux nations n'est venu modifier ces textes, le dessaisissement opéré par le jugement déclaratif de faillite à l'étranger ne peut suivre le failli en France. C'est en vain qu'on voudrait lui refuser le droit de disposer des biens qu'il peut posséder en France, lui seul pourra aliéner, hypothéquer ces biens, les donner en gage, sans que personne y ait rien à redire ; le jugement déclaratif de faillite, comme tout autre jugement étranger ne produit pas *de plano* effet en France. Et si les créanciers étrangers veulent faire comprendre dans la masse les biens que leur débiteur possède en France, ils ne sauraient y prétendre avant d'avoir fait déclarer exécutoire en France le jugement déclaratif de faillite rendu à l'étranger (1).

Le tribunal civil de Mons, au contraire, et le tribunal civil d'Arlon (2) décident que le jugement déclaratif de faillite rendu à l'étranger n'a pas besoin d'avoir été déclaré exécutoire par les tribunaux belges pour produire ses effets en Belgique. Mais ils se basent sur une théorie que nous aurons à discuter plus tard, à savoir que la faillite fait partie du statut personnel et que le jugement déclaratif de faillite donne à la personne qui en est l'objet une qualité qui la suit partout.

En Italie, le législateur ne s'est pas particulièrement occupé de l'exécution des jugements étrangers en matière de faillite, mais en général, cette exécution est régie par certaines règles, contraires aux principes que nous avons admis. Ainsi, par exemple, le jugement déclaratif de faillite

----

1. Tribunal civil de la Seine, 2 août 1887, Albert contre Rifflard. *Journal de droit international privé*, année 1888, p. 80. Le tribunal de la Seine a décidé que le jugement déclaratif de faillite prononcé à l'étranger n'a d'existence légale en France que du jour où les tribunaux français l'ont déclaré exécutoire. En conséquence, le syndic de la faillite ne peut exiger le rétablissement dans son actif de so nmes appartenant au failli et faisant l'objet d'une contribution, si le jugement déclaratif de faillite a été déclaré exécutoire en France postérieurement au procès verbal d'ouverture de la contribution.

2. Jugement du trib. civ. de Mons, 14 février 1874, *J. de dr. int. privé*, année 1875, p. 447. Jug. du trib. civ. d'Arlon, 29 avril 1874 ; *J. de dr. int. pr.* année 1875, p. 207.

est considéré sous un double point de vue. En premier lieu, c'est une pièce ou un titre probant de la condition personnelle du failli en tant qu'il le rend incapable d'administrer ses biens et d'en disposer et qu'il confie cette administration à un syndic. En second lieu, c'est un titre exécutoire dont on peut se prévaloir pour faire prononcer par jugement l'expropriation des biens que le failli possède à l'étranger.

Considéré sous le premier point de vue, ce jugement est partout efficace, même sans *avoir besoin d'être préalablement rendu exécutoire*. En d'autres termes, ses effets doivent s'étendre à tous les biens du failli, tant meubles qu'immeubles en quelque pays qu'ils soient situés. Au contraire, sous le second rapport, le jugement déclaratif de faillite doit être d'abord rendu exécutoire. Mais l'autorité judiciaire qui accorde la force exécutoire à un tel jugement, rendu par un tribunal étranger, n'a pas besoin de rechercher si le jugement est en opposition avec l'ordre ou le droit public interne, parce que les tribunaux étrangers s'étant bornés à constater un fait, à constater en d'autres termes qu'un commerçant a cessé ses paiements, un tel fait ne saurait être considéré dans un pays comme conforme et dans un autre comme contraire à l'ordre ou au droit public interne (1).

Nous avons dit que ces règles sont en contradiction avec

----

1. *Journ. de dr. int. privé*, année 1884, p. 377 ; Cour d'appel Brescia, 1er août 1871, Cour d'appel de Milan 15 décembre 1870).

les principes que nous avons admis sur l'autorité reconnue en France à la chose jugée à l'étranger, nous rappe-
lons que, dans notre opinion, les jugements étrangers
peuvent ne pas être dépourvus de tout effet et de toute
autorité en France ; mais pour faire apparaître cette autorité, qui n'est en eux pour ainsi dire, qu'à l'état latent,
il faut nécessairement que l'exequatur ait été demandé
et obtenu. C'est seulement alors que les intéressés pourront se prévaloir en France de la sentence qu'ils ont obtenue à l'étranger. Nous ne saurions non plus nous ranger à cette opinion, qu'un jugement tel que le jugement
déclaratif de faillite ne pourrait jamais être en opposition
avec l'ordre ou le droit public interne, parce que le fait
de la cessation de paiements ne saurait être considéré
dans un pays comme conforme et dans un autre comme
contraire à l'ordre ou au droit public interne. Mais les
circonstances dans lesquelles peut s'être produite cette
cessation de paiements, les conditions requises pour permettre de la constater, la personne qui a cessé ses paiements, peuvent être telles qu'il importe au contraire à l'ordre public que cette cessation de paiements soit ou ne soit
pas constatée. Si par exemple, pour nous servir d'un exemple que nous avons déjà cité, il s'agit de la déclaration de
faillite d'un non commerçant dans un pays qui admet la
mise en faillite des non commerçants, l'ordre public en
France est intéressé à ce que ce non commerçant ne soit
pas considéré en France comme failli. D'ailleurs, ce n'est
pas seulement l'ordre ou le droit public interne que le tri-

bunal chargé de l'instance en exequatur d'un jugement étranger, doit examiner, c'est encore la question de savoir si, tant en droit qu'en fait, le jugement en question a été bien rendu. Aussi, loin de nous ranger à l'idée que les effets du jugement déclaratif de faillite doivent s'étendre *de plano* à tous les biens du failli tant meubles qu'immeubles en quelque pays qu'ils soient situés, nous pensons que le jugement déclaratif ne peut frapper que les biens situés dans le pays où il a été rendu. Et si l'on vient nous dire que nous sommes en contradiction avec nous-même, parce que parlant des effets du jugement déclaratif en France, nous avons considéré le dessaisissement du failli comme nécessaire et pour assurer la bonne administration de ce qui lui reste d'actif et pour permettre l'égalité parfaite entre les créanciers, si l'on nous dit que si une partie de ces créanciers sont des étrangers, et une autre, des Français, il n'est pas moins nécessaire que l'ordre règne dans les affaires du failli et que tels créanciers n'ont pas moins que d'autres droit à l'égalité, nous répondrons qu'il nous paraîtrait très désirable que cet ordre et cette égalité régnassent partout, dans une faillite. Mais c'est la véritable égalité que nous désirons. Lorsqu'une faillite est déclarée à l'étranger, peut être dans un pays fort éloigné de la France, si en vertu d'un jugement déclaratif, simple titre matériel, un syndic vient faire main basse sur une quantité de biens peut-être considérables, si des créanciers Français sont obligés de produire au loin, sans savoir dans quelles conditions la faillite a pu être prononcée, est-ce là de l'égalité ? Il peut se faire que cette faillite étrangère ait été frauduleusement prononcée et dans le seul but de faire passer à l'étranger des biens situés en France. On nous reproche de sacrifier l'intérêt des créanciers étrangers, l'égalité consistera ici, à sacrifier l'intérêt des créanciers français ; nous ne prétendons pas que le système que nous soutenons ne donne jamais lieu à aucun inconvénient, ni même à aucune inégalité, mais combien plus fortes et combien plus préjudiciables aux Français risqueraient d'être les inégalités si nous admettions *de plano* l'autorité ou la chose jugée en France, même au point de vue auquel on se place en Italie, pour la simple constatation de certains faits ; or pour l'admettre, en matière de faillite, il faudrait que ce fût la règle générale en matière de jugement étranger, puisque le jugement déclaratif de faillite est un véritable jugement, sans que rien le différencie d'aucun autre.

Et nous avons vu que le législateur français n'a pas voulu soumettre sans aucun contrôle ses nationaux aux décisions de juridictions étrangères. Les inconvénients qu'on nous reproche, il y a d'ailleurs moyen de les éviter. Les créanciers étrangers peuvent se hâter de demander à nos tribunaux l'exequatur du jugement déclaratif de faillite qu'ils ont fait prononcer dans leur pays. S'ils l'obtiennent, ils auront alors les mêmes droits que si la faillite avait été déclarée en France.

Il existe un autre moyen, qui jusqu'à présent a été assez peu employé et d'une façon assez peu claire pour ne pas empêcher des discussions et même des procès, nous voulons parler de traités. Ainsi il a fallu un arrêt de cassation rendu le 17 juillet 1882 pour interpréter un article du traité conclu le 15 juin 1869 entre la France et la Suisse et ayant justement trait à cette matière de la faillite internationale (1).

Voici les faits qui avaient donné lieu au procès : Un sieur Lancel, après avoir exercé pendant quelque temps le commerce à Paris, était allé s'installer en Suisse où il avait continué la même industrie. En 1875, il fut déclaré en état de faillite par le tribunal de Genève et deux ans plus tard, la faillite fut clôturée pour insuffisance d'actif. Le passif de cette faillite s'élevait à une somme de 59,000 fr. dans laquelle était comprise une somme de 8,084 fr. représentant la créance d'un sieur Veillard, négociant à Paris. Lancel, à la suite de ces événements, revint à Paris, où tant en son nom personnel qu'au nom de son père et de sa femme se disant séparée de biens, il reprit le même commerce.

1. Voici l'article qui avait donné lieu au procès : Art. 6. « La faillite d'un Français ayant un établissement de commerce en Suisse pourra être prononcée par le tribunal de sa résidence en Suisse et réciproquement, celle d'un Suisse ayant un établissement de commerce en France pourra être prononcée par le tribunal de sa résidence en France, la production du jugement de faillite dans l'autre pays donnera au syndic ou représentant de la masse, après toutefois que le jugement aura été déclaré exécutoire conformément aux règles établies en l'art. 16 ci-après, le droit de réclamer l'application de la faillite aux biens meubles et immeubles que le failli possédera dans ce pays ».

Le 19 février 1880, Veillard, qui était toujours créancier de la somme de 3084 fr. comprise dans le passif de la faillite suisse, présenta requête au tribunal de commerce de la Seine et obtint à la même date un jugement de ce tribunal par lequel : Attendu qu'il résultait des renseignements transmis au tribunal que Lancel était en état de cessation de payements, le déclarait en état de faillite et nommait pour syndic M. Bégis.

Lancel fit opposition à ce jugement et conclut à la nullité de la déclaration de faillite en France, en opposant la déclaration de faillite dont il avait été l'objet en Suisse, soutenant qu'il ne pouvait plus, en raison du jugement rendu à Genève et en exécution de la convention internationale du 12 juin 1869, être déclaré en faillite en France une seconde fois. Veillard et le syndic résistèrent à cette prétention.

Lancel ajoutait qu'en matière de faillite, la convention de 1889 avait eu pour effet de mettre la France et la Suisse sur le pied d'égalité, et que sous la réserve d'une vérification portant sur les trois points déterminés par l'art. 17 de la convention (1), les jugements de faillite

1. Art. 17 de la convention du 15 juin 1869 entre la France et la Suisse. « L'autorité saisie de la demande d'exécution n'entrera pas dans la discussion du fonds de l'affaire ; elle ne pourra refuser l'exécution des jugements que dans les cas suivants : 1° Si la décision émane d'une juridiction incompétente. 2° Si elle a été rendue sans que les parties aient été dûment citées et légalement représentées ou défaillantes. 3° Si les règles du droit public ou les intérêts de l'ordre public du pays où l'exécution est demandée s'opposent

11

rendus soit en Suisse soit en France avaient force de chose jugée dans les deux pays.

Le tribunal de commerce de la Seine, et après lui la cour de Paris firent droit aux conclusions de Veillard et du syndic et la faillite fut maintenue.

L'arrêt de la Cour d'appel de Paris en date du 8 juillet 1880, fut déféré à la Cour de cassation. La chambre civile de cette Cour a rendu un arrêt de doctrine absolu. Elle a décidé que par le seul fait de la déclaration de faillite d'un Français en Suisse, la situation du failli était définitivement réglée au regard de tous ses créanciers, même postérieurs, et qu'il incombait à tous les créanciers de ce failli, quelle que fut leur origine, la date et la cause de leur créance, s'ils voulaient atteindre les biens de leur débiteur situés en France, de remplir les formalités exigées par la convention pour rendre le jugement suisse exécutoire en France.

« Sur le moyen unique du pourvoi.

Vu l'article 6 de la convention internationale signée entre la France et la Suisse le 15 juin 1869.

Attendu qu'il résulte en fait de l'arrêt attaqué, ainsi que toutes les parties le reconnaissent dans l'instance, que Lancel, ayant en Suisse un établissement de commerce, a été déclaré en faillite en 1875 par le tribunal de Genève.

à ce que la décision de la juridiction étrangère, y reçoive son exécution.

Attendu qu'aux termes de l'art. 6 de la convention sus-visée, les tribunaux saisis sont compétents pour prononcer la faillite d'un Français ayant un établissement de commerce en Suisse.

Qu'il en résulte qu'une fois le jugement déclaratif de faillite rendu dans ces conditions par un tribunal suisse, le même débiteur ne peut plus être de nouveau déclaré en faillite par un tribunal français.

Qu'il importe peu que la faillite prononcée en Suisse ait été close pour insuffisance d'actif, cette clôture n'ayant pas pour effet de mettre fin à la faillite dans les liens de laquelle le débiteur failli reste toujours maintenu.

Que dans ces circonstances, il appartenait aux créanciers de cette faillite, s'ils voulaient atteindre les biens de leur débiteur situés en France, de remplir les formalités exigées par la convention internationale pour donner en France force exécutoire au jugement, rendu par le tribunal Suisse.

D'où il suit qu'en prononçant une seconde fois la faillite de Lancel déjà déclaré en état de faillite à Genève, l'arrêt a méconnu et par là-même violé les dispositions de la convention internationale sus-visée.

Par ces motifs, casse, etc. » (1).

On peut voir, d'après cet arrêt, que c'est uniquement

1. *J. de dr. int. privé*, année 1882, p. 369. Voy. aussi, Paris, 8 juillet 1880 *J. de droit int. privé*, année 1880 p. 581. et Cour de Rouen, aud. solen. 14 juin 1883. *J. de dr. int. priv.* année 1883, p. 615.

en raison de la convention international passée entre la France et la Suisse que la décision, cassant l'arrêt qui ne tenait pas compte de la faillite déclarée en Suisse, a été rendue. C'est là, comme nous le disions plus haut, un moyen de parer aux inconvénients auxquels nous entraîne forcément l'application de notre législation actuelle, moyen sur lequels d'ailleurs nous nous proposons de revenir plus tard, la convention intervenue entre la France et la Suisse ne nous paraissant pas devoir être le type des conventions de ce genre.

Cessation des poursuites individuelles. Ce que nous venons de décider relativement au dessaisissement du commerçant déclaré en faillite à l'étranger à savoir que tant que le jugement déclaratif prononcé à l'étranger n'a pas été rendu exécutoire en France, il garde la libre disposition des biens qu'il peut avoir en France, nous conduit nécessairement à dire que ses créanciers français pourront le poursuivre individuellement devant les tribunaux Français pour obtenir l'exécution des obligations contractées envers eux, et même, que malgré la faillite prononcée à l'étranger, ils pourront arriver à obtenir une déclaration de failite en France.

Les créanciers étrangers, par l'entremise de leur syndic, ne pourront pas émettre la prétention de voir, aussitôt le jugement déclaratif prononcé à l'étranger, les créanciers Français de leur débiteur contraints de cesser contre lui toute poursuite et de laisser le syndic étranger réunir à la masse toutes les sommes qui pourraient leur être dues. Cet effet du jugement déclaratif qui consiste à empêcher chacun des créanciers du failli de se faire payer séparément et intégralement de leur créance pour venir prendre part à une distribution qui aura lieu entre tous au prorata des créances de chacun, ne saurait se produire en France, tant que le jugement déclaratif étranger n'y a pas été rendu exécutoire.

La Cour de Paris a décidé le 13 août 1875 que la déclaraion de faillite d'un étranger par un tribunal de son pays ne fait pas échec à la validité d'une saisie-arrêt formée contre lui en France par des créanciers français. Voici dans quelles circonstances la question se posait :

La Compagnie anglaise « the internationel life assurance society » établie en Angleterre avec succursale à Paris avait été mise en état de liquidation judiciaire par arrêt de la Cour de chancellerie du 5 juin 1869. M. Maynard avait été nommé syndic. Malgré cet état de faillite, les époux Vernhes, créanciers de la compagnie, ont assigné devant le tribunal civil de la Seine le syndic ou son représentant à fin de validité de saisie-arrêt et attribution à leur profit d'une somme due à la Compagnie anglaise par un Français, le sieur Jauge. La Cour, confirmant pour partie la décision des premiers juges, a statué ainsi : « En ce qui concerne la validité et les effets de la saisie-arrêt quant au fond : considérant qu'aux termes de l'art. 14. C. c. l'étranger peut être cité et traduit devant les tribunaux Français pour l'exécution des obligations par lui contractées envers un Français, soit en France, soit

en pays étranger ; que cette disposition, conçue en termes
généraux et absolus, a pour objet d'assurer au Français
les garanties d'une bonne justice qu'il lui serait parfois difficile de trouver hors de son pays, et de lui procurer en
même temps le moyen d'obtenir un jugement exécutoire
en France.

Qu'elle s'applique à toutes les actions qui peuvent com-
péter au Français en raison de l'engagement contracté
envers lui par l'étranger, soit qu'il s'agisse de citation à fin
de condamnation ou de poursuites d'exécution, ou de mesures simplement conservatoires.

Que l'exercice de ces droits et actions est indépendant
des dispositions de la législation étrangère et des décisions des tribunaux étrangers qui tendraient à le restreindre ou même à le paralyser entre les mains du demandeur français.

Que, si d'après l'article 87 de la loi anglaise sur les sociétés, du 7 avril 1862, lorsqu'il a été rendu, comme dans
l'espèce, un jugement ordonnant la liquidation d'une société, aucune poursuite, action, ni procédure, ne peut
être poursuivie ou commencée contre cette société si ce
n'est avec la permission de la cour et aux conditions
que la cour pourra imposer, cette disposition de la loi
étrangère, est inapplicable aux contractants de nationalité française comme le sont les époux Vernhes, en ce
qu'elle aurait pour conséquence de leur enlever l'exercice des actions individuelles que l'art. 14 C. civ., leur
ouvre devant les tribunaux français et de les priver des

garanties qui en résultent en leur faveur pour la conservation de leurs droits.

Que les époux Vernhes dont la créance n'est d'ailleurs l'objet d'aucune contestation, n'ayant *renoncé par aucun acte exprès ou tacite* au bénéfice de l'art. 14 précité, ont donc valablement frappé d'opposition les sommes dues à la société anglaise et placé ainsi le gage de leur créance sous la main des tribunaux français » (1). La cour décide ensuite par des considérations de fait, que la somme ne devra pas être remise entre les mains des créanciers saisissants, mais devra rester entre les mains du débiteur, ou déposée à la caisse des dépôts et consignations. Mais le principe est posé; ce n'est pas la faillite anglaise qui doit toucher cette somme frappée d'une saisie-arrêt, c'est à bon droit que des créanciers français ont fait pratiquer cette saisie-arrêt, c'est donc que le droit de poursuites individuelles ne leur avait pas été retiré par le jugement étranger prononçant la liquidation judiciaire de la société anglaise.

La Cour de Milan, au contraire, a décidé, dans un cas analogue, que la saisie-arrêt ne devait pas être maintenue. Hoffman, propriétaire d'une vaste agence commerciale à Londres, avait à Milan un établissement auquel il avait préposé Rob Preuss.

En juin 1874, Hoffmann fit avec la maison Mack, Wiegel et Kreutzer de Milan une convention aux termes de la-

_____

1. *Journ. de dr. int. privé*, année 1877, p. 40.

quelle il pouvait faire traite sur elle à raison de 1500
livres st. par mois, mais à charge de la rembourser en
papier italien avant chaque échéance, de manière que le
découvert ne dépassât jamais 3000 livres st. ; il ajouta
qu'il chargeait sa maison de Milan d'endosser tout son
papier italien au profit de la maison Mack et Cⁱᵉ à partir
du 1ᵉʳ juillet suivant.

Un télégramme du 15 mars 1876 ayant annoncé la sus-
pension des paiements d'Hoffmann, la maison Mack, dès
le 18 du même mois, demanda au président du tribunal
de commerce de Milan et obtint la faculté de pratiquer
une saisie conservatoire sur tous les biens, meubles et
créances de son débiteur pour garantie de sa créance qui
se montait alors à 105,099 lires. En exécution du décret
obtenu, une saisie fut pratiquée dès le 20 mars, puis une
seconde le 25 avril suivant. Chacune des saisies fut suivie
dans les trois jours de notification et citation d'Hoffmann
en la personne de son préposé Preuss devant le tribunal
de commerce de Milan afin d'obtenir confirmation de la
saisie et condamnation aux 105099 lires dus par Hoffmann.

Au défendeur cité Preuss, se joignit Wite, exposant
que par un premier arrêt de la cour des faillites de Londres en date du 15 mars, il avait été nommé suivant la
loi Vittoria du 9 août 1869, administrateur des affaires
d'Hoffmann, chargé de prendre immédiatement possession de tous les biens dudit Hoffmann ; puis, que par un
second arrêt du 21 mars, la faillite d'Hoffmann, avait
été déclarée et qu'il en avait été nommé syndic.

Les défendeurs demandaient la nullité des saisies et le rejet de la demande en condamnation aux 105,000 lires, ou tout au moins un délai dans lequel ils feraient déclarer exécutoires en Italie l'arrêt du 21 mars rendu par la cour de Londres.

Le 27 juin 1876, le tribunal de commerce de Milan rend un jugement par lequel il déclare les saisies valables et condamne Hoffmann au paiement des 105,000 lires réclamées.

Sur l'appel, la cour de Milan réforme le jugement, annule les saisies, relève Hoffmann de la condamnation aux 105,000 lires et renvoie la maison Mack à se pourvoir devant le tribunal du lieu de la faillite, c'est-à-dire devant la cour de Londres.

« La cour, dit l'arrêt, n'hésite pas à adopter le principe de l'universalité de la faillite. Il répond au but même de la faillite qui est de rendre possible une répartition proportionnelle des biens du failli avec tous ses créanciers pour le plus grand avantage du commerce, et il n'est pas en contradiction avec nos lois actuelles qui tendent constamment à se débarrasser des entraves de l'ancienne théorie du domaine éminent et qui par les dispositions préliminaires du code civ., offrent aux autres nations l'exemple de la plus grande déférence aux lois étrangères dans le règlement des rapports de droit international privé » (1).

1. Cour d'appel de Milan, 15 décembre 1876. *J. de dr. int. privé*, année 1879 p. 77.

Nous n'examinerons pas ici la question de savoir si la
législation positive italienne justifie vraiment une pareille décision, nous nous bornerons à constater le fait ;
mais ce que nous pouvons constater aussi c'est que la jurisprudence italienne nous paraît être revenue pendant
ces dernières années sur ses décisions précédentes (1).

1. Cour d'appel de Gênes, 11 février 1886, curateur de faillite
Céard c. Kuntzmann. — Le 6 juin 1884, la dame Céard, commer-
çante à Cannes, était déclarée en faillite par jugement du tribunal
de commerce de Grasse (Alpes-Maritimes) ; des créanciers italiens
demandèrent au tribunal de San-Remo et obtinrent de lui l'organisation d'une nouvelle faillite en Italie, sous prétexte que la dame
Céard avait exercé un commerce dans l'étendue du ressort dudit
tribunal. Mais peu de temps après, sur l'opposition formé par un
sieur Huntzmann, créancier français du failli, le tribunal de San-
Remo révoquait et annulait son premier jugement et déclarait
qu'il n'y avait lieu à ouvrir une nouvelle faillite en Italie. La Cour
d'appel confirme cette décision fondée sur la preuve fournie par
Kuntzmann que la dame Céard n'avait jamais géré aucun commerce
en Italie ; mais accessoirement et dans un considérant de cet arrêt,
la cour se déclare prête à rompre avec le principe de l'unité et de
l'universalité de la faillite. « Il est certain en droit pur que l'ouverture de la faillite de la veuve Céard, prononcée par un tribunal français, ne serait pas un obstacle absolu à ce qu'une nouvelle faillite
fût déclarée en Italie au cas où elle aurait eu réellement dans le
royaume un établissement commercial, fût-il secondaire et de nature différente de celui possédé par elle dans sa patrie, et plus généralement au cas où on eût pu dire d'elle qu'elle s'y livrait habituellement à des actes de commerce. Si en principe le jugement
déclaratif de faillite se voit attribuer ces deux caractères d'unité et
d'universalité, il n'en est ainsi qu'autant qu'on en considère la valeur sur le territoire où il a été rendu. Prétend-on l'invoquer hors
de ce territoire, on retrouve alors, même en matière de faillite, le
principe de la territorialité, *lot judicia, quod territoria*, conséquence
de l'autonomie et de l'indépendance des souverainetés et des pou-

Nous ne pouvons passer sous silence deux décisions du tribunal de commerce de Marseille, contraires à l'opinion que nous avons soutenue et enlevant aux créanciers d'un commerçant déclaré en faillite à l'étranger, le droit de le poursuivre individuellement en France.

Le 7 décembre 1876, le tribunal de commerce de Marseille a décidé, dans les circonstances suivantes, que la faillite prononcée par un tribunal étranger, suspend les poursuites individuelles des créanciers français en France. Pagliano, assigné par Borelli en paiement d'un compte, avait demandé son renvoi devant la cour de Bombay qui l'avait déclaré en faillite en 1865 ; le tribunal de commerce de Marseille décidant que les faillites déclarées en Angleterre ont leurs effets en France, déclare qu'il se dessaisira de l'affaire sous condition que dans un délai de quatre mois, « le sieur Pagliano rapportera les documents justifiant de sa déclaration de faillite et de l'issue qu'aura eue sa faillite à Bombay. » (1)

Le 20 décembre 1876, le même tribunal de commerce de Marseille décide encore que le créancier français d'un failli étranger ne peut procéder que contre le syndic de cet étranger.

« Attendu que Charles de Possel se prétendant créan-

voirs judiciaires qu'elles ont institués. L'universalité du jugement déclaratif de faillite dans les rapports internationaux est encore un des desiderata de la science juridique ». *J. de dr. int. privé,* année 1889, p. 336. Voir aussi. *J. de dr. int. privé,* année 87, p. 103.

1. *J. de dr. int. privé,* année, 1877, p. 423

cier du sieur Lublin pour commissions à lui dues, d'une somme de 6288 f. 75, a pratiqué à son encontre une saisie-arrêt ès mains du sieur Bivert et l'a cité devant le tribunal de commerce en paiement de cette somme et à l'effet encore de faire reconnaître son privilège sur ledit montant ; qu'il a obtenu un jugement de défaut contre le sieur Lublin à la date du 7 octobre 1876.

Attendu qu'il est justifié en fait que le sieur Lublin, de nationalité anglaise, a été déclaré en état de faillite par la cour du comté de Liverpool et que le sieur Mattiesion a été préposé par la dite cour pour remplir les fonctions d'un syndic.

Attendu que par l'effet de cette faillite, le sieur Lublin se trouve par suite dépouillé de l'administration de ses biens et que l'intérêt de sa masse comprenant tous ses créanciers anglais ou étrangers est actuellement représenté par le sieur Mattiesin ; que celui-ci seul a donc droit et qualité pour vérifier, admettre et discuter les créances réclamées contre le sieur Lublin...... etc. (1).

Ce sont là deux décisions isolées et il nous semble que le tribunal de commerce de Marseille s'est laissé entraîner à mettre en pratique ce qu'il considère peut-être comme devant exister, mais ce qui n'existe en réalité pas encore. Nous n'insisterons pas sur les inconvénients pratiques auxquels peut donner lieu une pareille

1. Trib. de comm. de Marseille, 20 décembre 1876, *J. de dr. int. privé.* année 1877. p. 424

doctrine. Ce ne sont pas les avantages plus ou moins grands que peuvent présenter l'un ou l'autre système, que nous recherchons en ce moment. Ce que nous pensons, et que nous nous efforçons d'établir. c'est que, en l'état actuel des textes qui nous régissent et dès lors que rien n'y vient faire exception, nous n'avons pas le choix : nous devons décider que les poursuites individuelles seront permises en France contre un commerçant déclaré en faillite à l'étranger alors que le jugement déclaratif d'a pas encore été rendu exécutoire en France. (1)

1. La loi allemande du 10 février 1877, n'empêche pas les poursuites individuelles en Allemagne, en cas de faillite déclarée à l'étranger, malgré ce que semble dire l'exposé des motifs. Art. 207 « Si un débiteur sur le patrimoine duquel une procédure de faillite a été ouverte à l'étranger possède des biens en Allemagne, l'exécution forcée sur ces biens peut avoir lieu, des exceptions à cette règle pourraient être établies par ordre du chancelier de l'empire avec l'assentiment du conseil fédéral. »

L'exposé des motifs au contraire s'exprime ainsi : « Les rapports entre une faillite ouverte à l'éranger et les biens du failli situés à l'intérieur sont réglés par le droit international privé. Par suite de l'extension des relations commerciales qui, depuis fort longtemps, ne font plus de différence entre l'indigène et l'étranger et qui seraient gravement compromises si l'on voulait se tenir strictement à la différence des nationalités, le droit international privé a posé un principe qui tend seulement à se développer, mais dont le but législatif et économique est facile à reconnaître. Ce but a été formulé par les dispositions de la loi d'empire du 21 juin 1869 § 13 sur la *rechtshulfe*, c'est à dire sur le concours et l'assistence des divers états dans les rapports judiciaires. Ces dispositions ont pour principe fondamental que la procédure ouverte dans un Etat de la confédération étend son action aux biens du failli situés dans un autre pays.

Il est vrai que les créanciers français peuvent renoncer expressément ou tacitement à méconnaître la faillite

Il va de soi que cette loi ne s'applique qu'aux relations des divers États de la de la confédération germanique entre eux. C'est-à-dire seulement aux relations intérieures des Allemands entre eux. Ce principe a néanmoins une portée générale et correspond aux données de la science moderne. Lorsque, dans un pays étranger la faillite est ouverte contre un étranger, il est hors de doute, quoique la théorie et la pratique ne soient point d'accord sur toutes ces questions que la capacité contractuelle du failli, sa capacité en ce qui concerne la gestion de sa fortune et et le droit d'ester en justice, les droits du syndic et l'étendue de ses fonctions, la question de savoir dans quelles conditions et dans quelles formes la faillite doit être ouverte ou close, quand et comment doit se faire la liquidation, les questions de privilège et le point de savoir quelle influence exerce l'ouverture de la faillite sur les droits du failli, doivent être réglées d'après les lois en vigueur dans le pays où la faillite est ouverte. Ce n'est que pour les droits réels sur des biens situés dans le pays qu'est applicable la loi de la situation de ces biens. Pour le cas où la faillite étrangère s'étendrait à la fortune entière du failli, les biens situés à l'intérieur devront faire retour à la masse de la faillite. Il doit en être de même en ce qui concerne les créanciers étrangers et les biens d'un indigène situés à l'étranger. Il est fait toutes réserves, toujours pour le cas où la réciprocité ne serait pas admise par le pays étranger. Mais le droit d'exercer des représailles est de nature politique et ne doit pas être considéré comme écartant le principe fondamental. » J. de dr. int. privé, année 1885, p. 33, voir reichsgericht 1 ch. civile, 11 décembre 1884. « Il résulte de l'art. 207 1 de la loi allemande sur la faillite que le législateur allemand n'a point entendu limiter par des dispositions de lois étrangères sur la faillite la possibilité de l'exécution forcée contre un débiteur, nonobstant la déclaration de faillite à l'étranger, lorsque la loi porte que l'exécution forcée est admissible sur les biens situés en Allemagne, on doit l'entendre en ce sens que les biens sont encore la propriété du débiteur failli, car l'exécution

déclarée en pays étranger et à se prévaloir de l'article 14
pour poursuivre en France leurs créanciers étrangers.
Il n'y a plus alors là qu'un simple contrat entre particuliers et le contrat fait la loi des parties. Les tribunaux
ont alors à apprécier si cette renonciation a ou non eu
lieu. Le 21 avril 1875, le tribunal civil de la Seine a eu
à se prononcer dans un cas de ce genre. Le sieur Rigaux
avait été déclaré en faillite le 3 novembre 1873 par le
tribunal de Leipzig, Hennig avait été nommé curateur
(syndic) de la dite faillite, le sieur de Neufville, créancier
de Rigaux, avait produit à la faillite allemande et avait
été admis au passif. Postérieurement, ce créancier avait
formé saisie-arrêt en France sur des sommes dues à
Rigaux. Il avait dénoncé cette saisie-arrêt et en avait
poursuivi la validité tant contre Rigaux que contre
Hennig ès-noms. Il demandait au tribunal l'attribution
exclusive des sommes dont les tiers saisis français se

forcée sur les biens d'un tiers est impossible........ Sans doute dans
les travaux préparatoires, on voit bien exprimer cette idée qu'il
serait désirable d'admettre l'universalité de la faillite, cette
idée est légalement celle de certains auteurs, mais aujourd'hui
à défaut de traités, il faut dire que les règles de procédure de
la faillite ont un empire limité au pays où la faillite est ouverte. » J. de dr. int. privé, 1886. p. 602. Tribunal supérieur
hanséatique 30 avril 1886, Donner c. Eggers J. de dr. int. privé
1887. pe. 87 tribunal de l'empire 6 juillet 1886. J. de dr. int.
privé, 1888 p. 110, tribunal régional supérieur de Colmar 20 mai
1887. J. de dr. int. privé. 1889 pr. 808. voy. auss. : Autriche arrêt de la cour suprême 11 juin 1884. J. de dr. int. privé
1888 p. 126. Cour de cass. des Pays-Bas, 5 avril 1888. J. de dr.
int. privé année 1888, pr. 564.

reconnaîtront débiteurs. Le tribunal de la Seine a rejeté
sa prétention, attendu, dit le jugement « que de Neufville étant tenu de subir la loi de la faillite acceptée par
lui et n'ayant aucun droit de préférence pour sa créance
ne peut par voie de saisie-arrêt, obtenir une attribution
qui lui ferait une situation privilégiée au détriment des
autres créanciers (1), » et le 26 février 1886, le tribunal
de la Seine décidait encore que le créancier d'un failli
qui a obtenu son concordat sanctionné par la cour des
faillites d'Angleterre, y a adhéré et a touché son dividende,
ne peut faire abstraction de cette situation pour procéder en France contre son débiteur à des mesures conservatoires (2).

Si, au contraire, aucune renonciation au bénéfice de
l'art. 14, aucune acceptation de la faillite déclarée à
l'étranger, ne s'est produite de la part des créanciers
français, ils pourront intenter des poursuites en France
et par une conséquence toute naturelle arriver à faire
prononcer en France la déclaration de faillite du commerçant étranger qui ne pourra plus satisfaire à ses
engagements alors même qu'un jugement déclaratif de
faillite aurait été déjà rendu à l'étranger; à moins toutefois que les créanciers étrangers n'aient fait déclarer
exécutoire en France le jugement déclaratif de faillite
qu'ils ont obtenu. Si non il ne leur servira de rien

1. *J. de dr. int. privé*, année 1876, p. 181.
2. *J. de dr. int. privé*, année 1886, p. 331.

d'opposer ce jugement à l'encontre de la demande en déclaration de faillite formée par les créanciers français, les biens situés en France continuant à être à la disposition du débiteur, les créanciers français dont ces biens sont le gage ne font qu'user de leur droit en faisant déclarer la faillite. La cour de Paris a décidé le 7 mars 1878, affaires White contre Lamoureux, que les créanciers français d'un commerçant étranger qui a son établissement principal à l'étranger et une simple succursale en France peuvent demander le mise en faillite de ce commerçant alors même qu'une déclaration de faillite antérieure a été prononcée par un tribunal étranger (1).

Pouvoirs des syndics. — Si nous avons jusqu'à présent, été d'accord avec la jurisprudence en ce qui concerne les effets en France d'un jugement déclaratif de faillite étranger, nous allons être forcé de nous séparer d'elle dans la question de savoir si les syndics, nommés à l'étranger, seront reconnus en France et pourront comme tels agir en justice.

Les principes que nous avons posés dès le début, nous conduisent en effet à décider que, en ce qui concerne les syndics, pas plus que pour le dessaisissement du failli ou la cessation des poursuites individuelles, le jugement déclaratif étranger ne peut produire aucun effet, avant d'avoir été rendu exécutoire en France, et la Cour de Paris avait avec grande raison décidé le 31 janvier

1. *Journal de dr. int. privé*, année 1878, p. 606.

1873 qu'un jugement étranger qui constituerait un Français en état de faillite et qui modifierait ainsi sa capacité civile ne peut avoir d'effet contre lui en France sans l'intervention des tribunaux français et que notamment, le syndic étranger, nommé par ce jugement, ne peut avant l'*exequatur* exercer aucun de ses pouvoirs ni même en vertu de ce titre pratiquer une saisie-arrêt en France (1).

Le jugement étranger, nous l'avons dit, ne peut avoir aucune autorité de chose jugée avant d'avoir été déclaré exécutoire, dès lors le jugement déclaratif de faillite ne saurait aucunement faire preuve de *plano* de la nomination des syndics et leur permettre d'agir en France comme représentants de la masse des créanciers du failli étranger.

Mais ce n'est pas là l'opinion admise en général par la jurisprudence. Elle tend au contraire à admettre sans *exequatur* le jugement déclaratif de faillite étranger, en ce qu'il nomme un syndic et à reconnaître au syndic le droit d'agir en justice en France soit pour représenter la masse, soit pour procéder à des mesures conservatoires.

Il résulte d'un arrêt de la Cour de Paris que lorsque la qualité de syndic d'une faillite étrangère n'est pas contestée, les tribunaux français, alors même que le jugement déclaratif de cette faillite n'aurait pas été

1. Paris 31 janvier 1873, Egger contre Wohl. Journal le droit 25 avril 1873. Journal des arrêts de Bordeaux, année 1874, p. 205.

déclaré exécutoire en France, doivent tenir pour constant le fait de la faillite, le mandat en vertu duquel le syndic représente le failli et le droit pour ce syndic d'exercer les actions judiciaires appartenant au failli (1).

La disposition du jugement, nommant le syndic, dit encore la Cour de Paris, à la différence de celle déclarant la faillite, n'a pas besoin pour produire ses effets en France d'être préalablement déclarée exécutoire par les tribunaux français (2), mais la jurisprudence exige, pour que cette qualité de syndic soit reconnue avant l'*exequatur*, qu'il n'y ait pas de contestation sur la faillite ou sur la nomination du syndic.

Le syndic nommé en pays étranger à la suite d'une déclaration de faillite prononcée dans le même pays, a dit le tribunal civil de la Seine, ne peut agir devant les tribunaux français tant que le jugement déclaratif de faillite et portant nomination du syndic n'a pas été déclaré exécutoire en France, s'il y a contestation sur le fait de la déclaration de faillite et sur la nomination du syndic ou bien encore sur les conditions de report de la faillite (3).

1. Paris 28 mars 1873. Hanckar contre Dickmann ès-nom. J.d. trib. de la Seine, 29 mai 1873. *J. de dr. int. privé*, année 1875, p. 18.

2. Paris 14 décembre 1875, Haussen contre Delorme, trib. civ. de la Seine, 10 janvier 1876, syndic crédit foncier international contre de Chezelles. *J. de dr. int. privé*, année 1877, p. 144. — Conf. cass. 30 nov. 1868, S. 1869, 1. 267, *J. de dr. int. privé*, année 1875, p. 18 et p. 209.

3. Trib. civ. de la Seine, 21 décembre 1877, Loppin ès-noms

La jurisprudence décide aussi qu'avant l'exequatur du jugement déclaratif, le syndic est fondé à pratiquer en France une saisie-arrêt entre les mains d'un débiteur du failli (1). Elle se base sur l'art. 557 du C. pr. civ. qui permet de pratiquer une saisie-arrêt au créancier dont le titre est sous seing privé. Mais un jugement étranger, avant l'exequatur, ne peut même pas être comparé à un titre sous seing privé, puisqu'il manque totalement d'existence, n'ayant pas autorité de chose jugée.

Il a même été jugé que l'apposition de scellés sur toutes les pièces concernant les opérations du failli peut être requise par les syndics d'une faillite déclarée en pays étranger, sans que le jugement déclaratif ait été déclaré exécutoire en France, lorsque cette réquisition n'ayant été formée ni en vertu de ce jugement déclaratif, ni par application de l'art. 455 C. com., l'apposition a été sollicitée et obtenue en conformité de l'art. 909 C. pr. civ. n° 2, qui permet à tout créancier de la requérir en se faisant autoriser par une permission du président

c. Desgranges. *J. de dr. int. privé*, année 1878, p. 376. Conf. aussi Cour de Rennes 10 février 1879. *J. de dr. int. privé*, année 1880, p. 467. — Trib. de commerce de Castres 21 mai 1882 et Cour de Toulouse, 17 avril 1883, Andersen contre Piccioni. *J. de dr. int. privé*, année 1883, p. 101.

1. Paris, 5 août 1832 (Sir. 33. 2. 20). Paris, 10 janvier 1850 (Sir. 50. 2. 462). — Trib. de la Seine, 10 avril 1880, *J. de droit int. pr.*, année 1880, p. 301. — Carle, note 92. — Weiss, *Quelques mots sur les faillites de commerce en droit international privé*. Contrà, Paris, 31 janvier 1873 (Sir. 74. 2. 44). Thaller, t. II, p. 366, note 3.

du tribunal civil (1). Mais les motifs sur lesquels est basée cette décision ne nous paraissent pas exacts. Le syndic ne peut demander au président du tribunal de l'autoriser à faire apposer les scellés en qualité de créancier,
puisqu'il n'est pas créancier, et pour qu'on puisse le
considérer comme représentant de la masse des créanciers, il faudrait admettre l'autorité en France du jugement déclaratif de faillite avant l'exequatur, chose que
nous ne pouvons admettre. Pour arriver aux solutions
qu'elle donne, la jurisprudence a été obligée de recourir
à divers expédients. L'idée principale qui lui sert de
point de départ, est qu'en ce qui concerne la nomination
du syndic le jugement déclaratif est un mandat légal
conféré au syndic par la masse des créanciers. C'est du
moins ce qui résulte d'un arrêt de la Cour d'appel de
Nancy du 12 juillet 1887.

« Que Stieve, syndic de la faillite déclarée en Alsace-
Lorraine poursuit le recouvrement d'une créance due à
la maison de Sarrebourg par la succursale établie à
Nancy de la banque d'Alsace-Lorraine dont le siège principal est à Strasbourg ; qu'il est recevable en cette action, alors même que le jugement qui l'a nommé n'a pas
été déclaré exécutoire en France ; qu'il ne s'agit pas, en
effet, de faire produire à ce jugement des effets pour
lesquels l'art. 546 C. pr. civ. exige l'exequatur préalable,
mais seulement d'après la règle : *locus regit actum*, d'éta-

1. Cour de Paris, 28 janvier 1877, syndic Philippart contre Philippart, *J. de dr. int. pr.*, année 1878, p. 41.

blir l'existence d'un fait, la nomination de Stieve comme syndic d'une faillite *et le mandat legal* qui lui a été conféré d'en recouvrer l'actif » (1).

Mais on ne saurait admettre que le jugement déclaratif de faillite soit un simple mandat. Si les syndics étaient de simples mandataires, les créanciers étrangers pourraient toujours discuter l'existence d'une véritable faillite et par suite du mandat, en renouvelant les contestations qui auraient déjà été soulevées devant le tribunal de la faillite et résolues par lui (2).

On ne peut d'ailleurs séparer les effets produits par le jugement déclaratif. Nous avons essayé de démontrer que c'était un véritable jugement, et il faut nécessairement le considérer dans son ensemble. A quelles inconséquences n'aboutit pas la jurisprudence, lorsque, abandonnant la théorie qu'elle soutient relativement à l'autorité de la chose jugée à l'étranger, elle décide que les syndics d'une faillite étrangère seront reconnus comme tels en France! Elle ne reconnaît pas le dessaisissement au failli étranger en France, et pourtant elle admet les pouvoirs du syndic! Elle reconnaît au failli la liberté de disposer de ses biens en France, de s'engager même sur ces biens, de subir les poursuites individuelles de ses créanciers, et pourtant elle laisse le syndic étranger ve-

---

1. Cour d'appel de Nancy, 12 juillet 1887, syndic faillite Mezière contre banque d'Alsace-Lorraine, *Journ. de dr. int. pr.*, année 1888, p. 521.

2. Carle, *op. cit.*, n° 10.

nir poursuivre devant les tribunaux français les débiteurs du failli.

Inscription de l'hypothèque de la masse. Quant à l'hypothèque en faveur de la masse qui résulte en France du jugement déclaratif et qui peut en résulter aussi en pays étranger, il est certain que le syndic d'une faillite étrangère ne peut pas l'inscrire en France ; c'est une question qui n'est pas discutée, car elle résulte de textes formels (art. 2125 et 2128 du Code civil).

Nullité des articles 446 et 447 du Code de commerce. Il y a certains actes qui, en France, passés à une époque voisine de la faillite, sont soumis à une nullité ou à une annulabilité (art. 446 et 447 C. com.). Il se peut que la loi étrangère présente les mêmes dispositions. Quel sera l'effet du jugement déclaratif étranger sur ces actes, lorsqu'ils auront été passés par le failli étranger avec des Français ?

Après tout ce que nous avons dit jusqu'à présent sur la valeur à reconnaître en France au jugement déclaratif étranger avant son exequatur, nous n'aurons pas besoin de longs développements pour établir que le jugement déclaratif étranger, non rendu exécutoire en France, ne pourra entraîner cette nullité. Nous n'avons qu'à nous reporter à notre principe et nous voyons que le jugement déclaratif étant dépourvu de l'autorité de la chose jugée avant son exequatur, ne peut produire aucun effet. Mais supposons que cet exequatur ait été accordé, alors la question peut se compliquer.

Lorsque les actes dont nous parlons auront été passés en France ou avec des Français, ou qu'ils seront relatifs à des biens meubles ou immeubles qui se trouvent en France, quelle sera la loi qu'il faudra appliquer pour juger s'ils sont nuls ou annulables ? Sera-ce la loi du lieu où se poursuit la procédure de faillite ? Sera-ce au contraire la loi du contrat, ou celle du lieu où se trouvent les biens ?

En mettant à part les immeubles, qui doivent toujours être régis par la loi française, il nous semble que la loi à appliquer à ces actes doit être la loi du lieu de la faillite. Leur nullité est en effet une conséquence immédiate de la faillite et ne dépend que d'elle. Le jugement déclaratif de faillite ayant été déclaré exécutoire, cette faillite est opposable à tous. C'est donc à la loi du pays où elle est ouverte que l'on doit se reporter pour toutes les questions qui naissent uniquement de la faillite (1).

1. Carlo, op. cit., n. 44. Dubois sur Carle, note 95*. La Cour d'appel de Milan, par arrêt du 14 août 1868. Sottocasa (Nosesa, annale di giur 1868) 2, 371, a déclaré nulle l'aliénation de marchandises faite au profit d'un Lombard par un Français déclaré failli en France dans les dix jours qui précédaient celui auquel avait été fixée la cessation de paiement, bien que cette rétroactivité ne fût pas admise par la législation autrichienne. La Cour d'appel de Brescia, par arrêt du 20 novembre 1873, Sottocasa contre Sottocasa, *Monitore dei tribunali* de Milan, 1874, p. 63, a jugé au contraire que cette nullité n'atteint pas la cession de créance qui dans cette période de dix jours avait été faite en Italie au profit d'un Italien par un Français déclaré failli en France.

CHAPITRE III

OPÉRATIONS ET SOLUTIONS DE LA FAILLITE.

Nous ne parlerons pas des effets de la faillite, car notre but a été de nous occuper seulement, dans cette étude, des effets que pouvait produire en France une faillite déclarée à l'étranger. D'après notre opinion, la faillite étrangère ne peut produire aucun effet en France, si le jugement déclaratif n'a pas été rendu exécutoire ; s'il a été rendu exécutoire on peut arriver il est vrai à avoir à considérer les opérations de la faillite, mais c'est alors à l'étranger que nous devons nous transporter et nous sortirions du cadre que nous nous sommes tracé. Mais parmi les solutions de la faillite il en est une que nous devons examiner au point de vue spécial des effets qu'elle peut produire en France, nous voulons parler du concordat : « c'est-là, dit M. Carle (1), un des bénéfices remarquables que le bon sens des commerçants a introduit en faveur du failli. Les auteurs ont beaucoup de peine à en préciser le caractère, mais tous en reconnaissent les avantages ». Par le concordat, le débiteur est remis à la tête de ses affaires et il obtient, soit un délai pour sa complète libération, soit la remise pure et simple d'une portion sou-

1. Carle, *op. cit.* nᵒ 50.

vent notable de ses dettes, accordée par la majorité des
créanciers et homologuée par la justice (1). La minorité
se trouve il est vrai forcée de subir la loi de la majorité,
mais cette mesure n'en présente pas moins de réels avantages, et pour le failli qui a peut-être été malheureux et
qui pourra ainsi redonner à ses affaires un nouvel essor,
et pour les créanciers eux-mêmes qui au lieu de tout
perdre arriveront à toucher une grande partie de leurs
créances grâce au travail du failli.

Les questions sont nombreuses et fort controversées au
sujet de l'efficacité que peut avoir en France un concordat voté à l'étranger. Pourra-t-il être invoqué *de plano* à
l'encontre de tous les créanciers nationaux et étrangers,
même si ces créanciers étrangers s'y sont opposé ou n'y
ont pas pris part ? le jugement qui homologue le concordat pourra-t-il et devra-t-il être rendu exécutoire
pour produire ses effets en France ?

Il est un cas que nous pouvons mettre hors de la question, c'est celui où des créanciers français ont adhéré au
concordat accordé à l'étranger. Tout le monde est d'accord pour reconnaître que vis-à-vis de ces créanciers, le
concordat est pleinement efficace par lui-même, et qu'il
n'est nullement nécessaire pour lui faire produire effet de
faire déclarer exécutoire le jugement étranger qui l'a homologué.

1. C. com. Français art. 504 à 526 ; c. com. Belge art. 500 à
527 ; loi allemande de 1877, art. 160 à 187 ; loi Autrichienne de
1868, art. 207 à 245 ; loi Hongroise de 1881, art. 199 à 236 ; c. com.
Italien de 1882, art. 830 à 845. Weiss. *op. cit.*

En effet, entre le failli et les créanciers qui y ont adhéré, le concordat est une convention, et une convention parfaitement licite ; or la convention fait la loi des parties, mais la question devient surtout délicate lorsqu'on se trouve en face de créanciers qui n'ont pas consenti le concordat, ou même qui n'y ont pas pris part. Il est certain que vis-à-vis de ces créanciers on ne saurait parler de convention, il faudrait donc, pour reconnaître au concordat une valeur à leur égard s'appuyer sur un autre ordre d'idée, or le seul motif sur lequel on pourrait se baser serait l'autorité de chose jugée accordée au jugement qui homologue le concordat. Si l'on reconnaissait autorité à ce jugement, il est certain que *de plano* le concordat pourrait être opposé en France à tous les créanciers du failli étranger. C'est ce que décident, ou du moins ce que devraient décider les auteurs qui accordent l'autorité et la chose jugée sans *exequatur* préalable aux jugements étrangers en général et aux jugements déclaratifs de faillite en particulier (1).

Mais alors nous nous retrouvons placés dans une situation analogue à celle où nous nous trouvions lorsqu'il s'agissait pour nous de décider quels pourraient être en France les effets d'un jugement déclaratif de faillite prononcé à l'étranger. Ici, il s'agit de savoir quels pourront être les effets en France d'un jugement étranger qui homologue un concordat consenti à l'étranger. Il ne peut plus être question de convention entre les parties, il n'y

1. Dubois sur Carle, note 116. *Contra* Carle op. *cit.*, n° 52.

a plus qu'un jugement capable de produire ou non certains effets. On nous objectera peut-être qu'en France,
même les créanciers qui ont refusé le concordat, même
ceux qui n'y ont pas pris part sont tenus de le subir,
mais c'est justement pour eux qu'est exigé un jugement
qui homologue le concordat ; c'est ce jugement qui dans
une certaine mesure protège les droits de la minorité,
c'est ce jugement qui produit effet. C'est donc à juste raison
son que l'on considère ce jugement homologuant le concordat, rendu à l'étranger, comme seul capable d'imposer
en France le concordat aux créanciers qui ne l'ont pas
accepté. Mais comme nous l'avons toujours soutenu pour
tout jugement étranger que l'on invoque en France, le jugement homologuant le concordat ne pourra produire aucun effet ; et par suite le concordat ne pourra pas être
opposé aux créanciers qui ne l'auront pas voté, ou qui
n'auront pas pris part aux opérations du vote, tant qu'il
n'aura pas été rendu exécutoire. Après *l'exequatur* accordé
par les tribunaux français, nous ne voyons pas pour quel
motif le concordat ne produirait pas ses effets, tout aussi
bien que peut les produire le jugement déclaratif de faillite. Si les juges français pensaient que les conditions
requises à l'étranger pour obtenir le concordat diffèrent à
tel point de celles exigées en France qu'il serait contraire
à l'ordre public de voir exécutés en France un concordat
voté dans de telles conditions, il en seront quittes pour
refuser de prononcer *l'exequatur* du jugement homologatif, puisque, nous l'avons dit, les juges peuvent s'appuyer

sur tous motifs pour refuser *l'exequatur* et doivent avant tout se rendre compte si le jugement étranger qu'ils déclarent exécutoire ne contient rien de contraire aux principes de justice et d'équité. Telles sont d'ailleurs les solutions qu'ont données les tribunaux civil et de commerce de la Seine. Le tribunal civil a déclaré le 18 juillet 1884 qu'un concordat formé en pays étranger, à la suite d'une faillite déclarée dans ce pays, est opposable au créancier Français qui y a adhéré (1), et le 6 mars 1886, le tribunal de commerce de la Seine a déclaré que le concordat, obtenu à l'étranger et non déclaré exécutoire en France n'est pas opposable au créancier qui n'a pas pris part aux opérations de la faillite (2).

D'autres opinions ont été émises au sujet des effets en France du concordat prononcé à l'étranger. Dans un système soutenu par MM. Renouard et Massé (3), le concordat ne pourrait jamais avoir aucune efficacité, vis-à-vis des créanciers étrangers qui n'ont pas pris part à sa discussion ; ce serait un mode spécial de libération éta-

1. Trib. civ. de la Seine 18 juillet 1884 Chouquet c. Cohn et Cⁱᵉ *J. de dr. int. privé*, année 1884, p. 616.

2. Trib. de commerce de la Seine, 6 mars 1886 ; Fany c. Hirsch, *J. de dr. int. privé*, année 1887. p. 614, voy. aussi, *Jour. des trib. de comm.*, année 1887 ; p. 175. Félix, n° 868 ; Alauzet, commentaire du code de comm. Paris, 1857, t. IV n° 1803 ; Lyon Caen et Renault, *op. cit.* t. II p. 633 ; Stellan, *op. cit.* p. 222. Paris, 9 mars 1887 ; Annales de droit commercial 1887. 2, 142 ; *J. de dr. int. privé* 1887, p. 740, questions et solutions pratiques. Contra Weiss. *op. cit.* p. 28.

3. Renouard, faillites, 3ᵉ éd. Paris, 1857 ; t. II. p. 65 ; Massé t. I. n° 643, t. II, n° 841.

bli par la loi d'un État ; le concordat formé à l'étranger
ne pourrait pas même être homologué en France, les tribunaux français ne devant accorder l'homologation, que
s'ils connaissent parfaitement la moralité du failli et toutes les circonstances de la faillite, ce qui n'est possible,
d'après eux, que si la faillite a été ouverte et instruite
toute entière en leur présence et sous la surveillance
spéciale et quotidienne du juge commissaire. M. Massé
ajoute que, bien que le concordat ait été homologué
à l'étranger, il ne peut pas être rendu exécutoire en
France (1). Il en donne pour motif que l'on comprend
que l'on rende exécutoire un véritable jugement, mais non
une simple convention privée qu'un jugement a rendue
exécutoire même pour ceux qui n'y ont pas pris part.

Nous avons dit au contraire qu'on peut parfaitement
rendre exécutoire en France le jugement homologuant le
concordat, de même que tout autre jugement, et il nous
semble que M. Massé condamne son système lui-même
dans le motif qu'il met en avant ; en effet, ce que nous
proposons de rendre exécutoire, ce n'est pas la simple
convention privée, c'est le jugement homologatif ; c'est-
à-dire, d'après M. Massé lui-même, le jugement qui a ren-

1. Paris, 25 février 1825 ; Redmonte c. Mallet, D. P. 25, 2, 207, le
concordat obtenu à l'étranger y a été déclaré sans effet en France,
par application des art. 905 du c. pr. civ. et 575 cod. com. de 1807.
(Art. 541 du code modifié en 1838), qui défendent d'admettre les
étrangers au bénéfice de la cession judiciaire et la cour a refusé de
déclarer exécutoire le jugement étranger de Cadix qui avait homologué le concordat.

du exécutoire, même pour ceux qui n'y ont pas pris part, la simple convention privée. On comprendra donc très bien, que, s'il faut toujours un jugement, pour rendre opposable le concordat à ceux qui n'y ont pas pris part, dans le pays où il a été voté, ce jugement rendu exécutoire en pays étranger, soit nécessaire, mais suffisant pour le rendre opposable aux créanciers étrangers.

M. Rocco a soutenu lui (1), que le concordat oblige *de plano*, tous les créanciers, tant nationaux qu'étrangers, mais qu'il les oblige seulement quant aux biens qui se trouvent dans l'Etat. Relativement aux biens qui se trouvent dans les autres pays, le concordat ne pourra devenir obligatoire que s'il a été rendu exécutoire. C'est là un résultat de la doctrine qui fait rentrer la faillite dans le statut réel, nous aurons plus tard à en dire quelques mots.

Enfin M. Carle, tout en admettant l'autorité de la chose jugée sans exequatur préalable, tombe dans une contradiction en admettant le concordat opposable sans exequatur, il est vrai, mais après exequatur du jugement déclaratif de faillite. « On pourra conclure avec raison, dit-il, qu'une fois le jugement déclaratif de faillite rendu exécutoire dans les Etats où il s'agit de procéder à quelque acte d'exécution, tous les jugements postérieurs qui ne font autre chose que certifier les résultats des opérations de la faillite, et parmi eux, celui qui homologue le concordat, n'ont plus besoin d'être rendus exécutoi-

1. Rocco, *Diritto civile internat.*

res » (1), et M. Fiore, partisan lui aussi de l'autorité de
la chose jugée sans exequatur, après avoir soutenu, tout
d'abord, que le concordat homologué devait être partout
opposable, même sans exequatur, en se conformant à ce
que dispose la loi sous laquelle le jugement de faillite a
été rendu (2), est revenu sur sa première opinion en ces
termes : « le concordat, dûment homologué, devrait être
obligatoire pour tous les créanciers indistinctement, parce
que tous doivent être soumis aux conséquences juridiques
de la faillite selon la loi du pays où elle a été déclarée.
Il paraît seulement que pour qu'il soit opposable en justice dans un tiers pays, il est nécessaire de le faire auparavant déclarer exécutoire, et nous modifions sur ce
point l'opinion que nous avons précédemment exprimée (3).

On ne comprend pas très bien pourquoi ces auteurs qui
ont admis le principe de l'autorité de la chose jugée s'en
sont ici écartés et ont considéré le jugement homologuant
le concordat comme différent des autres jugements.

Nous devons examiner maintenant si certaines décisions étrangères, accordant des sursis de paiements, ou
même quelquefois des libérations de dettes pourront
être assimilées au concordat, et avoir quelque autorité
en France.

En Belgique, par exemple, la législation belge, pour
éviter aux débiteurs malheureux et de bonne foi la faillite

---

1. Carle, *op. cit.*, n° 52.
2. Fiore, *Dr. intr. pr.* n° 307.
3. Fiore, *op. cit.*, appendice, § 305.

avec toutes ses conséquences, a organisé le sursis de
paiement. C'est un délai de grâce accordé au commerçant, et pendant lequel aucune voie d'exécution ne peut
être employée contre sa personne, ni contre ses biens.
Avant la loi de 1851, c'était le roi qui accordait le sursis
de paiement en vertu d'un arrêté-loi du 23 novembre
1814. Des abus s'étant produits, les sursis étant accordés
avec trop de facilité et sans prendre les mesures nécessaires pour sauvegarder les intérêts des créanciers, la
loi du 18 avril 1851, tout en admettant le principe des
sursis, a pris des précautions pour prévenir les abus si-
gnalés sous l'empire de la législation antérieure. Ce sont
maintenant les cours d'appel qui ont le droit d'accorder
les sursis, et de plus, à certaines conditions seulement.
Seul peut obtenir un sursis le commerçant qui par suite
d'événements extraordinaires et imprévus, est contraint
de cesser temporairement ses payements, mais qui, d'après
son bilan dûment vérifié, a des biens ou moyens suffisants
pour satisfaire tous ses créanciers en principal et intérêts,
de plus, la Cour ne peut accorder de sursis que si la majorité des créanciers, représentant par leurs créances les
trois quarts de toutes les sommes dues, ont adhéré expressément à la demande.

Le débiteur belge, à qui une Cour de Belgique aura
accordé un sursis de paiement pourra-t-il espérer que ce
sursis aura une valeur quelconque en France auprès de
ses créanciers Français ? Bien entendu, il lui faudrait,
dans le système que nous avons toujours suivi, obtenir

l'exequatur de l'arrêt accordant le sursis de paiement, mais cet exequatur pourra-t-il l'obtenir ? Il nous semble que l'exequatur dans ce cas ne devra jamais être accordé ; En effet, si l'exequatur est accordé, l'arrêt ou le jugement étranger s'exécute en France tel qu'il a été rendu. Or dans le cas qui nous occupe, il s'agit d'une mesure à appliquer en France, mesure qui n'existe pas dans la loi française, il s'agit de faire à un commerçant étranger, qui ne remplit pas ses engagements, une faveur exceptionnelle que nous n'accorderons jamais à un commerçant Français. Nous croyons donc devoir donner ici la même solution que dans le cas où un non commerçant a été déclaré en faillite dans son pays, alors que la législation de cet étranger admet la faillite des non commerçants ; les tribunaux français ne sauraient dans ce cas là accorder l'exequatur du jugement déclaratif de la faillite, car les lois françaises, n'admettant pas la faillite des non commerçants, il serait contraire à l'ordre public de voir un étranger jouir en France d'un privilège qui n'est pas accordé aux Français, de même pour le sursis du paiement qui lui aussi d'ailleurs peut être accordé même à certains non commerçants (art. 614, du Code de com. belge).

Il est une autre institution en Belgique qui se rapproche encore plus du concordat que le sursis de paiement, c'est le concordat préventif de la faillite organisé par la loi du 20 juin 1883. Son but est de prévenir la faillite en permettant au débiteur de proposer à ses créanciers un concordat avant sa déclaration.

Le concordat préventif n'est accessible qu'aux commerçants (art. 1, de la loi de 1883). De plus, le débiteur doit être malheureux et de bonne foi. Il faut le concours d'un nombre de créanciers formant la majorité et représentant en outre les trois quarts de la totalité des créances non contestées ou admises par provision.

Il faut enfin obtenir l'homologation du tribunal de commerce.

Une fois toutes ces conditions réunies, le débiteur, sans avoir été déclaré en faillite, aura obtenu un véritable concordat, lui concédant des délais, des remises de dettes, toutes les facilités en un mot accordées par un concordat ordinaire. Nous ne faisons pas la critique de cette institution, nous ne prétendons pas qu'elle ne puisse être d'une grande utilité comme moyen préventif de la faillite, mais nous ne croyons pas que nos tribunaux puissent déclarer exécutoire en France le concordat préventif de faillite. Ce sont là des lois essentiellement de droit civil, faites par le législateur d'un pays uniquement pour ce pays ; il ne nous semble pas possible d'en admettre, sans conventions particulières, l'application en France. Les français qui ont traité avec le débiteur étranger n'ont pas dû prévoir ces solutions, ils ne pouvaient les connaître, ils ne sont pas tenu de les connaître. Nous avons vu jusqu'à présent, des moyens préventifs de la faillite, mais devrons-nous donner les mêmes solutions pour des conséquences directes de la faillite prononcée.

Quelle pourrait être en France, par exemple, l'autorité

d'une décision, de l'Etat de Californie, déclarant un
failli libéré de toutes ses dettes antérieures à l'aban-
don de ses biens? Supposons d'abord ceci : le créancier étranger poursuivant en France son débiteur qui
s'est mis sous la protection de la loi des insolvables (in-
solvency act) dans les Etats et territoire de l'Union
Américaine où cet acte est en vigueur, a fait vérifier ses
droits devant le juge américain compétent, et a touché
un dividende conjointement avec les autres créanciers.
Aux Etats-Unis, sa créance sera considérée comme totalement éteinte (1). En sera t-il de même en France ? la
cour de Toulouse a répondu : oui (2). Il nous semble que
dans le cas que nous avons supposé, à savoir que le
créancier français s'est soumis volontairement à la loi
américaine et a touché un dividende, il y a pour ainsi
dire une convention entre le créancier et le débiteur et
que l'on se trouve dans une situation, nous ne dirons pas
semblable, mais analogue à celle où le créancier a voté
un concordat. Le créancier a parfaitement su qu'en touchant un dividende, sa créance se trouvait éteinte, il y a
consenti, il n'y a donc plus là qu'une convention entre
deux parties et une convention qui n'a rien de contraire
à l'ordre public.

Si au contraire, le créancier français n'avait touché
aucun dividende en Amérique et si le débiteur étranger

1. *Journ. de dr. int. privé*, année 1887, p. 741.
2. Cour de Toulouse, 4 février 1886, *J. de dr. int. privé*, année
1886, p. 332.

voulait faire déclarer exécutoire en France la décision de la cour des Etats-Unis pour l'opposer à des créanciers français, nous déclarerions que l'*exequatur* est impossible et nous dirions avec la cour de Bruxelles (1) « que le concordat est bien différent du certificat de libération en question, qu'en réalité, il n'efface point les créances, même celles dont on s'interdit de poursuivre le recouvrement, qu'en conséquence, un certificat du *chief commissioner des insolvent states*, confirmé par la cour suprême des *insolvent states* de Sidney, étant un véritable acte de libération complète, effaçant toute dette antérieure à sa date » est en opposition essentielle avec les lois françaises et ne peut avoir aucune force en France.

En Angleterre, en dehors du concordat (composition) dont la concession est subordonnée aux mêmes conditions qu'en France, le législateur permet à la cour de prononcer au profit du débiteur, si elle l'estime plus malheureux que coupable une ordonnance de décharge (order of discharge) (2). Pour obtenir cette ordonnance, il faut que le débiteur justifie qu'il a payé un dividende d'au moins dix shillings par livre sterling, 50 % ou, à défaut de ce dividende, que les créanciers, par une *résolution spéciale*, c'est-à-dire par une délibération prise à la majorité en nombre représentant les trois quarts en sommes, sollicitent cette ordonnance.

1. 3 janvier 1860. Pasicrisie, 2. 145.
2. Loi 1860, loi 1883, art. 28.

L'ordonnance de décharge a pour effet de décharger le débiteur de tout ce qu'il doit encore et de le relever des incapacités dont il a été frappé par suite de sa mise en faillite.

Il est bien certain qu'un débiteur anglais qui aura obtenu une ordonnance de décharge ne pourra pas en demander ou du moins en obtenir l'*exequatur* en France. C'est là un pouvoir vraiment exorbitant conféré à la justice anglaise de prononcer de sa propre autorité la libération d'un débiteur et que les tribunaux français ne sauraient d'eux-mêmes transporter en France.

CHAPITRE IV.

DES DIVERSES THÉORIES PROPOSÉES PAR LES AUTEURS POUR
RÉSOUDRE LES CONFLITS DE LOIS EN MATIÈRE DE FAILLITE.

Nous avons exposé quels sont suivant nous les principes
sur lesquels il faut s'appuyer pour résoudre en l'état
actuel de notre législation les conflits de lois qui peuvent
s'élever en matière de faillite. Nous n'avons pas prétendu
émettre une théorie internationale au sujet de ces conflits, nous n'avons pas prétendu que les solutions auxquelles nous arrivons fussent les seules désirables et dus-
sent être appliquées partout, nous avons simplement
examiné des questions qui peuvent se poser devant des
tribunaux français, et nous avons indiqué quelles étaient,
selon nous, de la façon dont nous comprenons les lois
françaises actuelles, les solutions qui devaient être données à ces questions. Mais nous ne saurions passer sous
silence diverses théories qui ont été proposées, théories qui,
d'après leurs partisans, sont vraies en elle-mêmes, c'est-
à-dire doivent forcément être appliquées partout où l'on
prétend appliquer les vrai principes du droit. Mais nous
ne dissimulerons pas que l'examen de ces divers systèmes,
appuyés de l'autorité des noms qui les ont soutenus,

nous ont fortifié dans cette idée qu'il était bien difficile
de trouver même en droit, la vérité universelle. Beaucoup,
en effet, de ceux qui arrivent au même but prennent des
chemins très-différents pour y arriver, et quelques-uns,
au contraire, de ceux qui partent des mêmes principes,
n'en tirent pas les mêmes conclusions.

Une des théories qui n'est plus guère en honneur aujourd'hui, mais qui avait, il y a quelques années encore,
de nombreux partisans, prétendait appliquer à la faillite
l'ancienne doctrine des statuts.

Les uns prétendaient que la faillite rentrait dans le
statut personnel, d'autres au contraire qu'elle ne pouvait
appartenir qu'au statut réel, et les uns et les autres, suivant leur point de départ, arrivaient à des conclusions
toutes différentes.

D'après une première opinion, la faillite affectant essentiellement l'état de la personne, frappant le failli de certaines incapacités, lui donnant en quelque sorte un état
analogue à celui de l'interdit ou de l'individu pourvu d'un
conseil judiciaire, affecte essentiellement la personne du
failli, lui attache une qualité qui le suit partout et doit
par conséquent rentrer dans le statut personnel (1). Dès
lors, l'individu, déclaré en faillite dans un pays, ne pourrait pas ne pas être failli partout; la faillite étant une
question d'état, on ne saurait changer d'état par le seul
fait que l'on passe d'un pays dans un autre.

1. Ansaldus, *de commercia et mercatura*, disc. 38, n° 31 32. — Luca,
de cambiis, disc. 32, n° 15. — Stracca, *de decatoribus*, 3ᵉ partie, n° 23.

Si la personnalité d'un individu est affectée d'une certaine manière, elle est affectée une fois pour toutes. On ne saurait admettre qu'un individu puisse avoir dans un pays la qualité d'enfant légitime et ne pas l'avoir dans un autre; de même la qualité de failli doit suivre le failli partout, mais à quelles conditions? Ici les partisans de cette opinion ne sont pas tous d'accord, les uns (1) déclarent que la faillite étant un fait, une situation qui entraîne un régime d'administration, des incapacités, et non pas une condamnation, le jugement qui la déclare à l'étranger doit produire ses effets en France, sans qu'il y ait lieu de le rendre exécutoire, à moins qu'il ne s'agisse de procéder à des actes d'exécution au sens strict du mot, seul cas auquel l'exequatur des tribunaux français deviendrait nécessaire. D'autres (2) admettent que le jugement étranger déclaratif de faillite fera bien foi en France, au moins provisoirement, de ce qu'il constate, et que par suite l'étranger, déclaré en faillite par le juge de son pays, restera bien soumis en France à toutes les incapacités que sa loi nationale attache à cet état; que d'autre part, le syndic investi de l'administration des biens du failli, aura bien qualité pour agir en France, même contre des français; mais ils soutiennent que le juge français saisi d'une contestation relative à la validité d'une convention passée par un Français avec l'étranger déclaré en faillite par

1. Bertauld, *quest. pratiques*, n⁰ˢ 156 *bis*, 157, 204.
2. Merlin, *rép.*, v⁰ *faillite sect.* II, § 2, art. 10, n⁰ 2.

les tribunaux de son pays, pourrait et même devrait faire
abstraction du jugement rendu à l'étranger, si le Français avait agi de bonne foi, c'est-à-dire dans l'ignorance
tant de l'existence de cette décision que des faits sur lesquels elle est fondée, et que, alors même que le Français
aurait eu connaissance de ce jugement, il serait toujours
admis à contester, soit la réalité des faits déclarés cons-
tants par le juge, soit l'exactitude des conséquences lé-
gales qu'il en a déduites.

D'autres partisans de l'application à la faillite de la
doctrine des statuts, prétendent, eux, que la faillite doit
dépendre du statut réel (1). D'après ces auteurs, les dispositions des lois sur les faillites visent surtout le patrimoine du débiteur, la pensée du législateur a été de régler la condition juridique de ce patrimoine.

Ceux qui en matière de faillite partent du principe de
la personnalité du statut arrivent à des inconséquences,
dit Rocco. Ils laissent au failli la faculté de contracter ailleurs sans tenir compte des prohibitions édictées par le
statut personnel et l'autorisent même à consentir des privilèges ou des droits de préférence sur ses biens situés en
pays étranger. Si au contraire la déclaration de faillite

1. Casarégis, *de commercio. disc.* 130, n° 17. — Rocco. *diritto civile internationale*, 3° édit. Livourne, 3° partie, chap. XXI. — *Du
conflit des statuts en matière de faillite*, extrait du *traité de dr. int. de
Rocco*, trait. de l'Italien par M. Léonce Lehmann, *Revue prat. de
droit Fr.* t. XIX, p. 124-141. César Norsa, *Revue de Gand*, 1876, p.
627-641.

devait être assimilée à l'interdiction, elle devrait, comme celle-ci, affecter la personnalité du failli dans toute son intégrité et sans restriction aucune comme c'est le cas pour toutes les qualités qui affectent l'état de la personne.

Le but du législateur, lorsqu'il réglemente la faillite, c'est non pas l'intérêt du débiteur failli, mais l'intérêt des créanciers et la préservation des biens qui doivent leur servir de gage. *C'est donc le patrimoine et non la personne du débiteur qui fait l'objet* de ce statut. Ce qui affecte la personne du débiteur n'est qu'un moyen pour parvenir au but. Voici les conséquences auxquelles conduit ce système. L'incapacité et les prohibitions dont la personne du failli peut à certains égards rester affectée ne s'étendent pas hors du territoire, la loi en pareil cas *non inhabilitat simpliciter*, c'est-à-dire par rapport à la personnalité et à la capacité juridique du failli qui grâce à l'action illimitée du statut personnel ne change pas d'un lieu à une autre, mais *inhabilitat secundum quid*, c'est-à-dire par rapport aux biens et dans l'intérêt des tiers et les effets réels sont limités au territoire de la situation des biens.

La déclaration de faillite prononcée dans un pays n'affecte pas la personnalité du failli d'une façon absolue, mais par rapport seulement à ceux de ses biens qui sont situés sur le territoire où la faillite a été prononcée. Mais pour ces biens-là, elle s'applique à tous créanciers nationaux des étrangers. De même le concordat, appartenant à la matière de la faillite et faisant ainsi partie du statut réel, s'appliquera même aux créanciers

étrangers pour les biens situés dans le pays où il aura
été voté. On ne saurait admettre pour des biens situés
dans le rayon d'un même territoire une double catégorie
de créanciers, les nationaux et les étrangers. La réalité
du statut rendrait complètement intolérable toute distinction entre créanciers et créanciers. Mais cela s'arrête
aux biens situés dans le territoire où la faillite a été prononcée.

M. Norsa, tout en admettant d'abord avec Rocco que
la seule thèse rationnelle et conforme à la nature juridique de la faillite est celle qui considère la loi des faillites comme un statut réel, se déclare ensuite ouverte-
ment partisan de l'universalité de la faillite. C'est là tomber dans une contradiction évidente, puisque, d'une part,
les effets du jugement déclaratif de faillite devraient
s'arrêter à la frontière du pays où la faillite a été déclarée, en vertu du statut réel, et que M. Norsa déclare au
contraire que ce jugement devrait produire partout des
effets absolus, parce que la faillite doit être une et universelle.

M. Ripert, un des partisans lui aussi de la doctrine du
statut réel en matière de faillite, y apporte cependant une
certaine restriction (1). D'après lui, pour déterminer les
effets que peut produire en France un jugement déclaratif étranger, il faudrait distinguer selon qu'il s'agit

____

1. Ripert : Quelques questions sur la faillite dans le *droit intern.
privé*, *Rev. crit.* nouv. série, t. VI. p. 705-735.

d'immeubles ou de meubles. Les immeubles situés en France, la faillite déclarée à l'étranger ne les embrasse pas. Pour être soumis au régime de la faillite, il faut qu'une nouvelle faillite soit déclarée conformément à la loi française par les tribunaux français. Quant aux meubles, la faillite s'y applique d'une manière absolue. Comment expliquer cette distinction ? pour les immeubles, pas de difficulté. La faillite, dit M. Ripert, n'est qu'une voie d'exécution mise au service des créanciers non payés ; il s'en suit que les lois qui la régissent, de même que toutes les dispositions concernant les voies d'exécution sur les biens, rentrent dans le statut réel. Quant aux meubles « une distinction doit être faite. Considère-t-on ces meubles en eux-mêmes, dans leur individualité, il faut s'attacher à leur situation ; les envisage-t-on dans leur ensemble, comme partie intégrante du patrimoine, il faut s'attacher, d'après les uns, au domicile, d'après les autres à la nationalité du propriétaire. Par conséquent lorsqu'on dit que la loi française règle seule les voies d'exécution sur les meubles, on suppose qu'il s'agit de poursuites n'atteignant que des biens isolés. Dès lors, puisque la faillite, à la différence des autres modes d'exécution, s'attaque à l'universalité du patrimoine, il faut en conclure qu'il n'y a pas lieu d'appliquer à ce point de vue aux meubles situés en France les dispositions de la loi française et partant que ces meubles rentrent dans la masse de la faillite étrangère. »

Telles sont les opinions soutenues par ceux qui prétendent appliquer à la faillite l'ancienne doctrine des statuts. Mais bien des motifs nous empêchent d'admettre que la faillite doive être nécessairement rangée dans le statut personnel ou dans le statut réel. D'abord, ainsi que l'ont très bien fait remarquer MM. Aubry et Rau (1), la distinction du statut personnel et du statut réel n'embrasse pas toutes les lois sans exception. Il y a des lois qu'on ne peut classer ni dans le statut personnel ni dans le statut réel, les lois de police et de sûreté par exemple, de même les lois qui régissent la forme extrinsèque des actes, leurs conditions intrinsèques et leurs effets, et les questions de conflit qui peuvent s'élever au sujet de pareilles lois doivent être résolues d'après des règles et des considérations complètement étrangères à cette distinction. Or il est absolument certain que la loi sur les faillites ne peut être rangée ni dans le statut personnel ni dans le statut réel. Pour nous d'abord, qui l'avons rangée parmi les lois de police et de sûreté et, tout le monde le reconnaît, les lois de police et de sûreté doivent rester en dehors des statuts; mais même aussi pour ceux qui ne reconnaissent pas ce caractère à la loi sur les faillites. Le législateur, en effet, ne s'est proposé ni de déterminer l'état et la capacité des personnes, ni de régler la condition juridique des biens. Sans doute, la faillite affecte la personne du débiteur par certaines déchéances, nous n'oserions pas dire par certaines

1. Aubry et Rau, 4° édit. t. 1. § 31 note 17 à 20.

incapacités, car ainsi que l'a fort bien indiqué M. Dubois (1) « le failli n'est pas à proprement parler incapable : seulement, les actes qu'il fait ne sont pas opposables à la masse de ses créanciers représentée par les syndics » (2). Mais on ne peut pas dire que ces déchéances dont est frappé le failli soient le but qu'ait cherché à atteindre le législateur sur les faillites, c'est un simple moyen qu'il a employé pour éviter de laisser compromettre, pendant la faillite, par le débiteur failli, ses propres biens qui sont le gage de ses créanciers.

Il ne s'est pas non plus agi pour le législateur de régler uniquement la condition juridique des biens du failli. Ce qu'il a eu en vue, ce qu'il a voulu avant tout, c'est le crédit et l'intérêt général du commerce. Et cer' is, il ne peut être considéré comme étant de l'intérêt général du commerce de faire rentrer la loi sur les faillites dans le statut réel. Prétendre que parce que un bien sera situé dans un pays, et que le propriétaire de ce bien aura été déclaré en faillite dans un autre pays, les créanciers étrangers ne pourront jamais avoir aucun

1. Dubois sur Carle, note 51.
2. Civ. cass. 8 mars 1854, Bernard contre Bourdon S. 54, 1. 238. — Civ. cass. 21 février 1859, Villamil contre Journaux S. 59, 1. 555. C. civ. rejet, 25 juin 1860, S. 60, 1. 858. Civ. cass., 12 janvier 1864 Roche contre Brès, S. 64, 1. 17. Naples, C. 7 décembre 1867, Rosalia contre Vittoria, Annal. di giur. 68. 1. 45, Turin, C. 18 décembre 1867, Spallarossa contre Razeto. ibid. 68, 1. 116, Naples C. 4 mai 1868, Colondre contre Assenti, ibid. 68, 2. 167.

droit sur lui, c'est mettre une entrave sérieuse aux relations commerciales entre deux peuples.

Tout opposé comme résultat sera un autre système qui de jour en jour prend une extension plus grande et que l'on peut appeler le système de l'unité et de l'universalité de la faillite (1).

Les auteurs qui l'ont soutenu pensent que dès maintenant, il peut être appliqué et qu'en tout cas, il est destiné à s'imposer au point de vue international, lui seul pourrait assurer la stricte égalité entre tous les créanciers qui est le but même de la faillite. Unité et universalité, telle est l'étiquette de ce système, c'est-à-dire que la faillite, déclarée au seul endroit où elle peut être déclarée, ne pourra plus l'être en aucun autre lieu, que partout elle produira ses effets et que les biens du failli en quelque pays qu'ils soient situés viendront se réunir à la masse des biens formée là où la faillite a été ouverte pour être administrés par les syndics de cette faillite et être distribués enfin entre tous les créanciers tant nationaux qu'étrangers. Aussitôt le jugement déclaratif de faillite prononcé, en supposant qu'il ait été prononcé

1. Voy. Savigny, System des heutigen rœmischen rechts (trad. fr. par M. Guenoux, t. VIII, § 374. Carle et Dubois, *op. cit.* Fiore. *op. cit.* Norsa. *op. cit.* Weiss. *op. cit.* Glasson, *jour. de dr. int. privé,* 1881, p. 120 et suiv. Vachbaur, thèse, Nancy 1883. Esperson. *jour. de dr. int. privé,* 1884 ; p. 376 et suiv. Boistel, précis de dr. commercial, 2° éd., n° 809 bis ; Despagnet, *Précis de dr. int. privé,* p. 600. Simon. *La Faillite d'après le droit international privé* (thèse), Paris, 1878.

par des juges compétents, la faillite aura effet partout
où le failli pourrait avoir des biens ou voudrait faire des
opérations commerciales ; partout, il pourra opposer sa
mise en faillite pour se retirer et laisser la place à son
syndic ; partout, il pourra opposer comme fin de non
recevoir aux poursuites dirigées contre lui, que sa faillite
est déclarée et qu'il n'a pas le droit de répondre à un
créancier particulier ; partout il pourra forcer des créanciers à abandonner des biens qu'ils considéraient comme
leur gage pour venir partager ces biens avec d'autres
créanciers ; partout enfin, il pourra refuser de payer
intégralement ses dettes en opposant un concordat
obtenu au lieu de la déclaration de faillite. C'est là le
moyen d'éviter toute fraude et toute injustice. Il ne
saurait y avoir deux classes de créanciers parce que les
uns sont domiciliés d'un côté d'une frontière et les autres
de l'autre côté.

Si le débiteur est forcé de cesser ses paiements vis-à-
vis des uns, il n'y a aucune bonne raison pour qu'il
ne subisse pas les conséquences de cette cessation
de paiements à l'égard des autres. Le propre du commerce est de s'étendre à tous les pays, à toutes les nations,
ce n'est pas une raison pour que soient diversement
traités ceux qui auront eu affaire au même commerçant
suivant le degré de latitude où ils se seront rencontrés.
L'idée maîtresse des partisans de cette théorie est qu'il
faut examiner la faillite non au point de vue de l'intérêt
particulier de chaque État, mais à celui de l'intérêt

général de tous. « La loi de la faillite, dit Carle, est l'égalité de condition pour tous les créanciers qui ont suivi la foi du débiteur. C'est pour protéger cette égalité que la loi et l'autorité judiciaire exercent un certain contrôle sur les opérations de la faillite, frappent le failli de certaines incapacités, annulent certains actes passés par lui à une époque où il pouvait prévoir sa ruine, suspendent les poursuites individuelles des créanciers, enfin les invitent tous à concourir aux opérations et prennent dans ce but des mesures de publicité » tout cela a été institué pour arriver à une stricte égalité et le moyen de l'obtenir, c'est qu'un seul tribunal déclare la faillite, qu'une seule juridiction procède à la vérification des créances, que le concordat soit unique, que seul les syndics procèdent à la liquidation du patrimoine du failli, et que leur action remplace celle des différents créanciers.

Tous ces caractères de la faillite, prétendent les partisans de l'unité et de l'universalité, ne doivent pas disparaître par cela seul que les créanciers ou les biens du failli sont dispersés dans divers États. Aussi, partant de cette idée, ne songent-ils plus qu'à établir une théorie de la faillite qui puisse s'appliquer à tous les Etats.

Ils ne rechercheront plus quelle peut être la solution des conflits en se plaçant au point de vue de la législation de tel ou tel pays, ils suivront leur idée d'unité de la faillite pour arriver à l'égalité entre les créanciers et essaieront de démontrer que cela est, parce que cela doit être. C'est en vue d'arriver au résultat rêvé qu'ils examineront tout ce qui fait question au point de vue du droit international, et c'est peut-être pour ne pas faire échec à leur théorie, qu'ils donneront certaines solutions. Nous allons essayer d'exposer brièvement les moyens à l'aide desquels ils entendent appliquer cette théorie.

Pour qu'une seule faillite soit possible pour un même individu, il faut, que dans le monde entier, un seul tribunal soit compétent pour la prononcer. Quel sera donc le lieu où doit s'ouvrir la faillite ? « Quoique la fortune mobilière et immobilière d'un commerçant puisse être dispersée en divers pays, dit M. Carle (1) et que ses obligations puissent avoir pris naissance ou devoir être exécutées dans des Etats différents, il y a toutefois un centre auquel se ramènent toutes ses créances et toutes ses obligations, c'est son domicile, c'est-à-dire le lieu où il a son principal établissement ». Ainsi pour la déclaration de faillite, un seul endroit possible, le lieu du domicile ou du principal établissement, et cela non pour un pays déterminé, mais pour tous les pays. Nous ferons remarquer que les défenseurs de cette opinion, ne nous indiquent en général pas où ils prennent cette règle absolue, dans quel code ils la trouvent inscrite, quelques-uns ont bien prétendu (2) qu'en France l'art. 59 (7°) du code de procédure, attribuant compétence au tribunal du domicile ne devait pas s'appliquer aux seuls Français

1. Carle, *De la faillite en droit international privé.*
2. Weiss, *Annales du droit commercial,* 1888.

mais être au contraire une règle générale. Nous avons essayé de démontrer, plus haut, qu'il ne devait pas en être ainsi. Malgré tout, le lieu du domicile, le tribunal du domicile, voilà le grand principe des partisans de l'universalité en matière de faillite ; là seulement et nulle autre part ailleurs, la faillite pourra être valablement déclarée et s'ils ne trouvent pas cette décision dans les textes, ils y arrivent par le raisonnement. La personne physique du failli, disent-ils (1), qui pourrait se rendre partout pour accomplir ses obligations, est remplacée par une personne morale qui doit nécessairement avoir un siège pour l'exercice de ses droits et l'accomplissement de ses obligations et ce siège ne saurait être ailleurs qu'au domicile du failli. Cette solution doit être adoptée même si les biens du failli se trouvent dans des pays différents, si ses créanciers sont de nationalités différentes si le failli a deux ou plusieurs établissements commerciaux situés l'un dans son propre pays, et l'autre ou les autres hors de son pays. En effet, du moment que le débiteur, dit M. Carle, sait en s'obligeant que tous ces biens doivent être une garantie pour son créancier et que celui-ci en suivant la foi de son débiteur, sait que le patrimoine entier de ce dernier sert de gage à sa créance, on ne saurait faire du patrimoine unique du débiteur autant de patrimoines distincts qu'il y a d'Etats où sont situés ses immeubles ; de même si les créanciers appartiennent à

1. Carle, *op. cit*

différentes nationalités on ne viole nullement leur droit
en substituant une juridiction unique aux diverses juridictions spéciales aux délégations qui avaient été contractées avec eux. Ils devaient prévoir, en contractant,
l'éventualité de la faillite, et savoir que dans le cas où
cette éventualité se réaliserait, il serait dérogé aux règles communes, à la rigueur de leur droit propre et à
la diversité des juridictions qui pouvaient résulter des
conventions : le tout, parce que, en cas de faillite, l'intérêt particulier de chaque créancier cède le pas à l'intérêt général de tous, à quelque nationalité qu'ils puissent appartenir.

Ici encore, ni M. Carle ni ceux qui soutiennent les
mêmes théories que lui, ne nous disent où ils trouvent
les règles qu'ils posent d'une façon si absolue. Nous ne
nions pas qu'il soit très beau de sacrifier son intérêt particulier à l'intérêt de tous, mais si par hasard, il se trouve
des créanciers qui ne soient pas capables de sentiments
élevés, nous ne voyons pas ce qui peut les forcer à être
généreux malgré eux.

Enfin pour le cas où le débiteur a deux établissements
de commerce situés dans deux pays différents, la difficulté
pourra porter sur le point de savoir lequel des deux établissements peut être considéré comme principal ou secondaire, mais la question une fois tranchée, on ne s'écar-
tera pas de la règle, et c'est le tribunal du domicile, c'est-
à-dire du principal établissement qui devra déclarer la
faillite et attirer à lui toutes les opérations qui la con-

cernent. C'est là, dit M. Carle, un principe d'intérêt universel et de raison, pour l'application duquel il faut la
coopération de tous les États.

Ainsi voilà bien établie la règle qu'une seule faillite
est possible, qu'un seul tribunal est compétent pour la
prononcer, compétent par ce seul fait que c'est le tribunal du lieu où le débiteur a son domicile, c'est-à-dire
son principal établissement. Peu importe que le débiteur
lui-même ou une partie de ses créanciers appartiennent
à une nation différente.

Mais ce n'est pas tout; que faut-il encore pour que
cette faillite, une fois déclarée, puisse avoir effet partout
où elle sera opposée ? Il suffit d'admettre le principe de
l'autorité de la chose jugée à l'étranger. C'est ce que font
les partisans de l'unité et de l'universalité de la faillite.
Ils décident que le jugement déclaratif de faillite produira
de plano ses effets à l'étranger tout au moins tant qu'il
ne s'agira pas d'exécution au sens strict du mot, c'est-à-
dire d'exécution *manu militari*. Le jugement déclaratif de
faillite pourra donc être invoqué devant les tribunaux
étrangers comme déterminant la condition du failli ou
comme fixant l'époque de la cessation des paiements. Il
pourra également être opposé comme exception aux poursuites individuelles d'un créancier. Il s'en suit tout naturellement qu'à l'étranger, comme dans le pays où la
faillite aura été prononcée, le failli sera dessaisi, que
des poursuites individuelles ne pourront plus être intentées contre lui, enfin que les syndics pourront faire tous

les actes d'administration que comportent leurs fonctions.

Enfin, et en vertu des mêmes principes, une fois le concordat voté et le jugement d'homologation rendu, le concordat sera opposable en pays étranger aux créanciers qui viendraient demander l'intégralité de leurs créances (1). Nous ne parlerons pas des difficultés qui peuvent s'élever même dans cette théorie, au sujet de certaines particularités de la faillite, telles par exemple que la question de savoir si tel acte doit être considéré au point de vue de sa validité d'après la loi du lieu où il a été passé ou d'après celle du lieu où la faillite a été prononcée. Ce sont là des questions secondaires et nous nous attachons surtout à mettre en lumière dans ses grandes lignes la théorie de l'unité et de l'universalité de la faillite. Or elle tient tout entière dans ces deux principes : Compétence unique et absolue du tribunal du domicile, Autorité à l'étranger du jugement déclaratif de faillite sans la nécessité de l'exequatur.

Nous avons au contraire toujours soutenu qu'en France aucun jugement étranger, et par conséquent le jugement déclaratif de faillite pas plus qu'un autre, ne pouvait avoir une autorité quelconque sans avoir été revêtu de l'exequatur.

Mais la grande faute, selon nous, des partisans de l'unité et de l'universalité de la faillite, c'est d'avoir voulu construire une théorie, conforme d'après eux, à la na-

1. *Contra* Carle, *op. cit.*

ture de l'institution de la faillite, sans s'être assez préoccupés de concilier leur théorie avec les exigences des législations positives des différents États, ou plutôt, d'avoir voulu donner comme des règles fixes et absolus, comme des règles actuellement obligatoires, des principes qui ne sont encore consacrés que par la grande autorité de ceux qui les ont exposés. Ce n'est pas la critique de la théorie de l'unité et de l'universalité de la faillite que nous prétendrons faire c'est la simple contestation qu'elle ne saurait aujourd'hui être appliquée en France.

CHAPITRE V.

RÉFORMES QUI SERAIENT DÉSIRABLES DANS LA LÉGISLATION
POUR ARRIVER A UNE SOLUTION ÉQUITABLE DES CONFLITS
DE LOIS EN MATIÈRE DE FAILLITE.

Nous avons étudié les questions principales qui se posent au point de vue international en matière de faillite. Nous avons indiqué les solutions que comportent selon nous ces questions en l'état actuel de la législation française, nous avons aussi fait connaître les principaux systèmes soutenus par les auteurs et nous sommes arrivé à cette conclusion que les uns ne sauraient jamais être admis parce qu'ils n'envisagent pas la faillite telle qu'elle doit être envisagée et que les autres étaient souvent en opposition avec nos lois. Il nous reste à dire, très-brièvement d'ailleurs, si nous considérons comme parfait et devant toujours être maintenu l'état de chose actuel en ce qui concerne ces conflits ou si nous croyons désirable l'adoption d'un système différent. Et tout d'abord nous dirons quelques mots de la valeur de cette théorie de l'unité et de l'universalité de la faillite, puisque elle s'offre à nous en un tout parfait et dès longtemps étudié. Nous avons dit qu'il n'était pas possible de l'appliquer en l'état de notre législation actuelle mais ne serait-il pas désirable qu'elle aboutît à une loi internationale ? Sans méconnaître la grande valeur de ce système au point de vue international, sans en méconnaître l'idée maîtresse qui est certainement une idée fondamentale en matière de faillite, à savoir l'égalité à établir entre tous les créanciers, sans méconnaître les vues larges et généreuses de ses partisans qui ne s'arrêtent pas aux intérêts particuliers de chaque peuple et de chaque citoyen, mais cherchent l'intérêt plus général de tous les peuples et le développement à donner au commerce dans tout le monde entier au risque de léser quelques personnes, qui considèrent que tout doit céder devant le bien général et que tous nos efforts doivent tendre constamment à atteindre ce but, sans méconnaître, en un mot, toute l'admiration que l'on doit à de telles idées et aux hommes qui les ont conçues et qu' les défendent, il nous semble pourtant qu'il n'est pas désirable de voir s'établir ce système avec force de loi, tout d'un coup pour tout le monde entier ; il nous semble que des idées si élevées sont un peu trop éloignées de la pratique des affaires et que bien souvent nous pourrions être les dupes de notre générosité.

Qui sait si, poussant à l'excès, nous le reconnaissons, l'hypothèse où l'intérêt des particuliers doit le céder à l'intérêt général, nous n'arriverions pas à la ruine d'un nombre assez considérable de ces particuliers pour atteindre le crédit d'un pays tout entier et pouvons-nous reconnaître le droit au législateur de négliger à ce point l'intérêt de ceux qui vivent sous ses lois pour rechercher cet intérêt supérieur de l'espèce ? Ne faut-il pas laisser le soin de cette recherche aux philosophes et aux penseurs qui souvent dans leur cerveau puissant détruisent tout un monde pour arriver à la création d'un monde nouveau et meilleur, mais tout cela en théorie. Rêver la stricte égalité entre tous les hommes c'est là certes un beau rêve et une conception dont l'esprit humain, toujours chercheur de l'au-delà, se trouve pleinement satisfait. Mais n'est-ce pas un rêve et ne devons-nous pas souvent nous contenter d'un égalité relative ? De même qui nous dit que la théorie de l'unité et l'universalité de la faillite nous fera atteindre l'égalité parfaite entre tous les créanciers, n'est-ce pas un simple leurre et n'aurons-nous pas tout simplement déplacé une inégalité. Entraînés bien souvent par nos idées nous croyons toucher au but que nous poursuivons parce que longtemps nous avons cherché les moyens d'y parvenir, mais une fois tombée la fièvre qui nous soutenait, nous nous apercevons que tout le chemin parcouru n'a fait que rapprocher bien peu ce que nous cherchions à atteindre. Particulièrement en droit, il est mauvais de se laisser guider par l'imagination, et ce n'est que de peuple à peuple, en s'accordant mutuellement des avantages réciproques que l'on peut espérer arriver à former par la pratique, une théorie d'ensemble, réunissait l'égalité pour tous. Actuellement tous les peuples ne sont pas encore assez mûrs pour une loi internationale et ils ne présentent pas tous assez de garantie pour ne pas avoir à craindre d'avoir avec certains d'entre eux tout à perdre et rien à gagner. La plupart des auteurs qui ont soutenu la doctrine d'une faillite unique n'ont peut-être songé qu'à l'État dont ils faisaient partie ou à quelques États avoisinants, il y ont vu des lois justes et bien appliquées par des magistrats équitables, des tribunaux régulièrement institués, tout un ensemble, enfin, de garanties sur lesquelles pouvaient se reposer avec confiance les citoyens forcés de recourir à la justice de leur pays pour régler entre eux des différends. Mais peut-être n'ont-ils pas regardé assez loin ; peut-être n'ont-ils pas songé que dans le nombre de petits réunions d'hommes qui sont formées bien loin de nous, et qui prennent le nom d'État, on pourrait ne pas rencontrer ces tribunaux et ces magistrats dont l'exemple les a certainement fortifiés dans leurs convictions. Il se pourrait que des citoyens de ces petits États, venus en France pour faire des dupes, forts de la loyauté et de la générosité de notre pays, s'en retournent chez eux après quelques opérations douteuses et forcent nos concitoyens à venir au delà des mers essayer de défendre quelque reste de l'argent emporté et perdu d'avance.

Et comme la loi, si la loi existait, serait la même pour tous, nous n'aurions qu'à courber la tête et à subir ce que nous ne pourrions plus empêcher. Et cette égalité entre créanciers que nous aurions eu tant de peine à établir se trouverait rompue par des inégalités flagrantes, inégalités qui se produiraient à notre préjudice.

Aussi nous semble-t-il que, sans vouloir arriver d'un seul bond au but désiré, alors que tant d'entraves encombraient jusqu'à présent la route, il faudrait s'efforcer d'établir un entente de peuple à peuple, peuples voisins et dont les habitudes commerciales différeraient fort peu. Une confiance réciproque naîtrait tout d'abord puisque depuis longtemps déjà, ils auraient été en rapport l'un avec l'autre et que chacun d'eux connaîtrait la façon de traiter les affaires de l'autre. Ils seraient plus aptes à discuter les bases d'un traité qui ne les concernerait qu'eux seuls, connaissant leurs intérêts respectifs et leurs moyens d'actions. Ils ne feraient aucune théorie, ils entreraient de plain pied dans la pratique des affaires et baseraient leurs décisions sur des espèces. Ils ne redouteraient pas les surprises auxquelles pourraient les entraîner des principes édictés pour l'amour de l'art. L'idée de l'égalité la plus absolue les guiderait toujours puisque, en concédant l'égalité à d'autres, ce serait leur propre cause qu'ils défendraient. Rassurés par les coutumes et les pratiques connues du peuple avec lequel ils traiteraient, ils n'auraient pas de ces réticences et de ces réserves qui ne servent dans un traité qu'à créer des difficultés et forcent les deux peuples à recourir aux tribunaux pour interpréter ce qu'ils ont voulu faire dans le but d'éviter toutes difficultés.

Faciliter ces traités, ce serait servir véritablement le commerce qui a si grand besoin de rapidité dans ces opérations. Ce serait lui permettre aussi de s'étendre dans des proportions beaucoup plus considérables, car deux peuples unis par un pareil traité ne formeraient plus qu'un seul peuple au point de vue commercial et aucune arrière-pensée n'arrêterait plus le commerçant sur le point de conclure une grosse opération. Mais nous le répétons, pour qu'un traité, tel que nous le désirons, puisse lier deux peuples, il faut que ces peuples se connaissent bien l'un l'autre, et que, pour l'instant encore, une trop grande distance matérielle ne les sépare pas. Plus tard, quand beaucoup de ces traités se seront conclus entre peuples voisins, quand deux peuples plus éloignés se trouveront réunis entre eux par un certain nombre de chaînons intermédiaires et à peu près semblables, peut-être alors pourrons-nous arriver à réaliser partout l'application de cette théorie de la faillite unique et universelle.

Pour le moment nous pensons qu'il serait bon que les divers peuples prissent pour base de leurs traités les principes émis au congrès juridique italien réuni à Turin en 1880 et que nous reproduisons.

I. Le tribunal compétent pour déclarer la faillite et en continuer la procédure jusqu'à son terme sera celui du lieu où le commerçant a son principal établissement commercial.

II. Le jugement déclaratif de faillite et les autres jugements à intervenir pendant la procédure de faillite auront, sur le territoire des États contractants, la même autorité de chose jugée que dans l'État où ils ont été rendus, et ils pourront donner lieu à des mesures conservatoires, d'urgence et d'administration, à la condition d'être rendus publics, conformément à l'art. V, lettre *a*.

Quand, en vertu de ces jugements, il y a lieu de procéder à quelque acte d'exécution forcée, dans un autre Etat, on devra d'abord obtenir une ordonnance *de pareatis* de l'autorité de l'Etat si on veut procéder à l'exécution.

Cette autorité sera désignée dans le traité ; elle prononcera sur simple requête des intéressés, et sans qu'il soit besoin d'un débat contradictoire. Elle ne pourra refuser le *pareatis* que dans les deux cas suivants :

a) Quand le jugement aura été rendu par un tribunal incompétent, d'après la règle de l'art. I.

b) Quand le jugement ne sera pas exécutoire dans le pays où il a été rendu.

Cette ordonnance sera susceptible d'opposition par la voie contentieuse, mais l'opposition n'aura pas d'effet suspensif.

III. Les restrictions à la capacité commerciale du failli, la nomination et les pouvoirs des administrateurs de la faillite, l'admissibilité, la formation et les effets du concordat, la liquidation et la répartition de l'actif entre les créanciers nationaux ou étrangers seront réglées par la loi du lieu où la faillite a été déclarée.

IV. Les droits réels, les raisons de préférence par hypothèque, privilège et gage, les droits de revendication, distraction et rétention sur les biens mobiliers et immobiliers du failli, seront réglés par la loi du lieu de la situation.

Il appartiendra au traité international de déterminer d'une manière précise quel doit être le tribunal compétent pour juger les procès relatifs à ces droits.

V. Des dispositions spéciales seront introduites dans le traité :

a) Pour régler les mesures à prendre afin que les jugements rendus en matière de faillite puissent être connus dans les autres États ;

b) Pour déterminer les rapports respectifs des autorités judiciaires des divers États contractants, en ce qui touche l'exécution du traité.

Le traité pourra se restreindre quant à présent à la faillite des commerçants et les lois de divers États relativement à l'insolvabilité des non commerçants resteront en pleine vigueur.

Pareillement, aucune dérogation ne sera apportée aux règles sur l'action pénale en cas de banqueroute et aux dispositions des traités d'extradition (1).

---

1. *J. de dr. intr. privé*, 1880, p. 625. ; Voy. aussi un article de M. Renault, *J. le droit*, 3 octobre 1880.

POSITIONS

Positions prises dans la thèse.

DROIT ROMAIN.

I. — Il faut arriver jusqu'à l'institution de la *venditio bonorum* pour trouver complètement organisée une procédure d'exécution sur les biens.

II. — On n'exigeait pas du débiteur qui voulait faire cession de biens la bonne foi et l'absence de faute de sa part.

III. — La vente des biens du débiteur ne le libérait pas à l'égard des créanciers.

IV. — Le *curator* nommé pendant la *missio in possessorem* n'est pas la même personne que le *magister* nommé pour la *venditio bonorum*.

DROIT FRANÇAIS.

I. — Les commerçants étrangers peuvent toujours être déclarés en faillite en France, s'il y ont fait des opérations commerciales, même s'ils ont déjà été déclarés en faillite à l'étranger, mais alors que le jugement déclaratif n'a pas été rendu exécutoire en France.

II. — Le jugement déclaratif de faillite rendu à l'étranger ne saurait avoir aucun effet en France tant qu'il n'y a pas été rendu exécutoire.

III. — Il faut nécessairement que le jugement qui homologue le concordat d'une faillite étrangère ait été déclaré exécutoire en France pour que ce concordat puisse y être invoqué.

IV. — La théorie de l'unité et de l'universalité de la faillite ne saurait être admise en l'état actuel de notre législation.

Positions prises en dehors de la thèse.

DROIT ROMAIN.

I. — En matière de corréalité active, quand l'un des stipulants avait touché le montant de la créance commune, il n'était pas autorisé à s'approprier le montant de l'opération ; il devait y faire participer son costipulant.

II. — En cas d'éviction, l'acheteur n'avait pas droit à la restitution du prix, mais à une indemnité calculée sur la valeur de la chose vendue au moment de l'éviction.

III. — Le consentement des parties ne suffisait pas pour la formation des *justæ nuptiæ*. Il fallait de plus que la femme fût mise à la disposition du mari.

IV. — La règle *dies interpellat pro homine* n'était pas permise.

DROIT CIVIL.

I. — L'interdit peut se marier dans un intervalle lucide.

II. — Les créanciers peuvent attaquer les renonciations faites par leur débiteur, alors même qu'il y a simple préjudice.

III. — L'indignité n'a pas lieu de plein droit.

IV. — Le ministère public peut faire opposition au mariage à raison d'empêchements soit dirimants, soit prohibitifs.

DROIT COMMERCIAL.

I. — Une société ne peut pas employer à l'achat de ses propres actions une portion du capital social.

II. — Quand une vente d'immeuble a été transcrite après le jugement déclaratif de faillite, le vendeur ne conserve son action en résolution pour défaut de paiement du prix que si la transcription a eu lieu avant l'inscription de l'hypothèque de la masse.

DROIT PÉNAL.

I. — La chose jugée au criminel a autorité au civil.

II. — Les questions de validité de mariage sont préjudicielles au jugement de l'action publique et de la compétence exclusive des tribunaux civils sans distinction entre la nullité du premier et celle du second mariage.

VU ;

Le président de la thèse,
Ch. LYON-CAEN.

VU :

Le doyen,
COLMET DE SANTERRE.

VU ET PERMIS D'IMPRIMER :

Le vice-recteur de l'Académie de Paris,
GRÉARD.

TABLE DES MATIÈRES

Paris. — Imprimerie de la Faculté de Médecine, H. JOUVE, 15, rue Racine

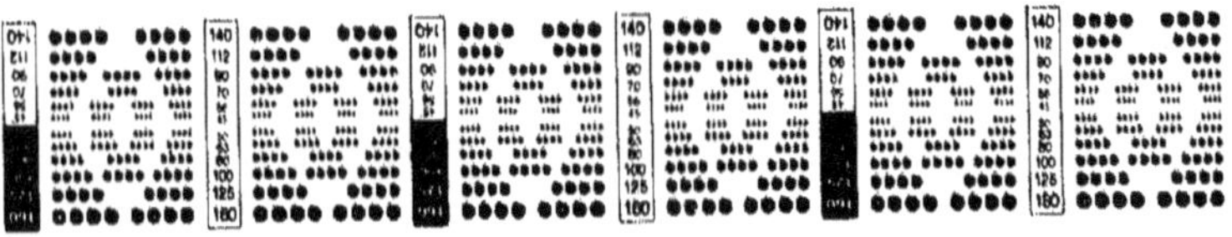

MIRE ISO N° 1
NF Z 43-007
AFNOR
Cedex 7 - 92080 PARIS-LA-DÉFENSE
graphicom
3798970
RED. :
20

0 1 2 3 4 5 6 7 8 9 10